Steffen Raßloff

GESCHICHTE DER STADT

ERFURT

SUTTON VERLAG

Der Autor

Dr. Steffen Raßloff (*1968 in Erfurt) studierte Geschichte und Germanistik an der Universität Erlangen. Nach der Promotion 2001 („Flucht in die nationale Volksgemeinschaft. Das Erfurter Bürgertum zwischen Kaiserreich und NS-Diktatur") lehrte er bis 2007 an der Universität Erfurt. Seither wirkt Raßloff als Historiker und Publizist in Erfurt. Er hat zahlreiche Publikationen zur Erfurter Stadtgeschichte und thüringischen Landesgeschichte veröffentlicht sowie Ausstellungs- und Medienprojekte betreut.

Sutton Verlag GmbH
Hochheimer Straße 59
99094 Erfurt
www.suttonverlag.de

3. Auflage 2015
ISBN: 978-3-95400-044-9
Druck: CPI books GmbH, Leck

Inhaltsverzeichnis

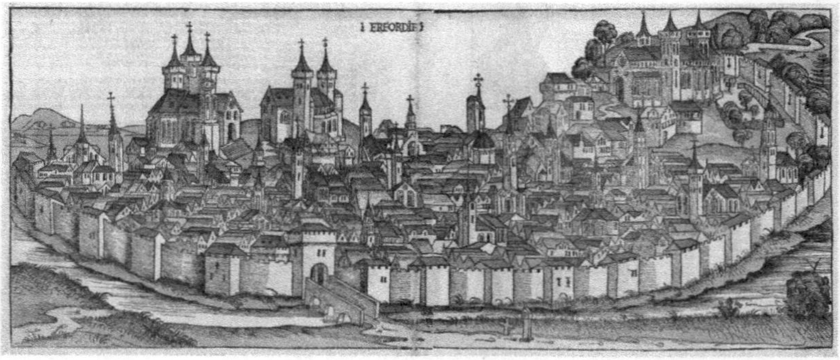

Erfurt, das „Haupt des Thüringer Landes", eine der größten mittelalterlichen Städte in Deutschland.

Einleitung

Hartmann Schedel hat in seiner berühmten Weltchronik von 1493 Erfurt als das „Haupt des Thüringer Landes" bezeichnet. Diese Stellung zieht sich wie ein roter Faden durch die Erfurter Geschichte – von den bedeutenden Funden aus der Zeit des Thüringer Königreiches im 6. Jahrhundert bis hin zur heutigen Landeshauptstadt des Freistaates Thüringen. Darüber hinaus gehörte Erfurt im Mittelalter zu den großen Metropolen des Reiches. Noch immer ist dies in seiner Altstadt mit ihren zahlreichen Kulturdenkmalen nachvollziehbar. Mit den 13 Jahrhunderten schriftlich verbriefter Geschichte sind viele bedeutende Ereignisse und Persönlichkeiten verbunden.

Die „Metropolis Thuringiae" tritt zunächst als ein königlicher Zentralort ins Licht der Geschichte, in dem wichtige Reichstage stattfanden. 742 von Bonifatius zum Sitz eines Bistums bestimmt, blieb es trotz der Angliederung an das Bistum Mainz das kirchliche Zentrum Thüringens. Um 1000 rückte der Mainzer Erzbischof zwar auch zum weltlichen Stadtherrn auf, doch seit dem 13. Jahrhundert erlangte Erfurt reichsstadtähnliche Autonomie. Die Handels- und Kulturmetropole blühte vor allem dank des Blaufärbemittels Waid auf. 1379 erhielt Erfurt das erste Privileg für eine Universität im heutigen Deutschland, deren bekanntester Student und Lehrer Martin Luther war. Mit dessen Eintritt ins Erfurter Augustinerkloster 1505 begann das Ringen um die Grundeinsichten der Reformation. Auch die jüdische Gemeinde hat u. a. mit der ältesten erhaltenen Synagoge Mitteleuropas beeindruckende Spuren hinterlassen.

An der Schwelle zur Neuzeit war der Höhepunkt der Entwicklung allerdings überschritten. 1664 folgte die Unterwerfung unter Mainz. Aus jener Zeit leuchtet allein die Statthalterschaft Karl

Theodor von Dalbergs hervor. Zugleich wurzelt in dieser Epoche der Aufschwung des Gartenbaus, der Erfurt später den weltweiten Ruf einer Blumenstadt einbringen sollte. Die 800-jährige Bindung an Mainz endete 1802 mit dem Übergang an Preußen. Erfurt stieg zur Industriegroßstadt auf, in der die SPD 1891 ihr wegweisendes Erfurter Programm verabschiedete. Im 20. Jahrhundert folgte das „Zeitalter der Extreme" mit zwei Weltkriegen und Diktaturen. Die Firma J.A. Topf & Söhne, Hersteller der Öfen für Auschwitz, steht dabei für die Verstrickung von Wirtschaft und Gesellschaft in die Verbrechen des Dritten Reiches. Das erste deutsch-deutsche Gipfeltreffen 1970 mit dem Jubel der Erfurter für Willy Brandt gilt als beeindruckendste Demonstration nationalen Einheitswillens in der DDR zwischen dem 17. Juni 1953 und der friedlichen Revolution 1989.

Heute ist Erfurt eine Großstadt mit beschaulicher Lebensqualität. Als mittelalterlich geprägte Domstadt, als Lutherstadt und Blumenstadt zieht sie viele Touristen an. Die Umstrukturierung von der Industriestadt zur Dienstleistungs- und Verwaltungsstadt ist weitgehend vollzogen, neue Wirtschaftszweige weisen in die Zukunft. Dies gilt auch für den Kindermedienstandort und die Hochschullandschaft mit der 1994 wiedergegründeten Universität. Nicht zuletzt fand die alte Rolle Erfurts als „heimliche Hauptstadt" Thüringens 1990 ihre Umwandlung zur Landeshauptstadt.

I.

Frühgeschichte und Entwicklung zur Stadt

Die Anfänge der Erfurter Stadtgeschichte reichen bis zu den Urmenschen zurück. Freilich kam es in jener prähistorischen Zeit noch zu keiner festen Besiedlung durch die umherziehenden Horden der Jäger und Sammler. Die ersten von ihnen lebten bereits in der Altsteinzeit (Paläolithikum) auf dem Gebiet Thüringens. Sie sind durch zahlreiche archäologische Funde fassbar, zunächst vor allem durch die namensgebenden Steinwerkzeuge. Unter den Fundorten ragen einige heraus. Nahe Bilzingsleben bei Sömmerda finden sich die frühesten Spuren des Urmenschen (Homo erectus) vor etwa 350.000 Jahren. Weitere wichtige Ausgrabungsstätten liegen bei Ehringsdorf, Taubach und Weimar-Belvedere.

Die Erfurter Urgeschichte beginnt mit dem den Neandertaler verdrängenden Jetztmenschen (Homo sapiens sapiens), der sich bereits effektiv der Umwelt anpasste und kulturell von seinen Vorgängern abhob. Die Jagd trat in jener letzten großen Kaltzeit in den Vordergrund. Der Mensch lebte in mobilen Zeltsiedlungen oder Höhlen. In jene Periode geht der älteste Fund aus dem Raum Erfurt zurück. Der faustkeilartige Feuerstein, gefunden in einer Kiesgrube in Erfurt-Nord, wird auf etwa 30.000 v. Chr. datiert. Er bildet damit zugleich das älteste Exponat im Stadtmuseum Erfurt. Die Funde aus den folgenden Jahrtausenden zeigen die zunehmende Verfeinerung der Feuersteingeräte. Aus einem Steinkern gewonnene Faustkeile dienten als Universalwerkzeuge dem Ausweiden erlegter Tiere, dem Abschaben von Fellen, dem Anspitzen von Holzgeräten usw. Kleinere Abschläge von Steinkernen nutzte man als Speerspitzen, Dolche oder Schaber.

Der menschheitsgeschichtlich entscheidende Schritt vom nomadisierenden Jäger und Sammler zum sesshaften Ackerbauern und Viehzüchter vollzog sich in der Jungsteinzeit (Neolithikum).

Klimatische Voraussetzung hierfür war der Übergang vom Eiszeitalter (Pleistozän) mit seinen Kalt- und Warmperioden zur bis heute anhaltenden Warmzeit (Holozän) vor etwa 10.000 Jahren. Diese Neolithische Revolution begann im 9. Jahrtausend v. Chr. in Kleinasien. Um 5500 v. Chr. tauchten die ersten Ackerbauern und Viehzüchter in Thüringen auf, besonders im fruchtbaren Thüringer Becken, an dessen Südrand sich Erfurt befindet. Die Funde zeugen von differenzierteren sozialen Verhältnissen, Fortschritten in Kultur und Technik sowie religiösen Vorstellungen. Als erster vom Menschen künstlich hergestellter Werkstoff dient Keramik seither für Gefäße zur Nahrungsmittelherstellung und -aufbewahrung oder als Schmuck. Die Kulturen der Jungsteinzeit unterteilt man nach den Besonderheiten dieser Keramikgefäße in Bandkeramiker, Trichterbecherkulturen, Schnurkeramiker und Glockenbecherkulturen.

Um 5000 v. Chr. vollzog sich der Übergang zum sesshaften Leben als Ackerbauern und Viehzüchter. Bronze- und Eisenzeit brachten bis zur Zeitenwende weiteren zivilisatorischen Fortschritt.

Auf dem Gebiet der Stadt Erfurt lassen sich seit etwa 5000 v. Chr. jene jungsteinzeitlichen Bauernkulturen nachweisen. Die Siedler bevorzugten aber noch die über dem Geratal gelegenen fruchtbaren Ebenen. Viele ihrer zivilisatorischen Innovationen kann man durch Funde aus jener Zeit nachvollziehen. Neben den Keramikgefäßen sind dies etwa Spinn- und Webgeräte, Schmuck, Steinbeile, Äxte, Hacken und Kornquetschen. Mit Tierhäuten bespannte Tontrommeln sind die ersten Musikinstrumente der Erfurter Geschichte. Sie könnten kultischen Zwecken gedient haben. Auch der Brauch der Bestattung nach dem Tod setzte jetzt ein. Besonderheiten der rund um Erfurt recht zahlreichen Gräber wie Opferbeigaben oder die Haltung der Toten lassen Rückschlüsse auf die soziale Stellung und frühe religiöse Vorstellungen zu. Gut verwachsene Wundränder am Schädel eines Mannes aus der Schnurkeramik-Zeit deuten sogar auf die Praxis von Hirnoperationen mit Feuersteinmessern hin.

Die Bronzezeit seit der ersten Hälfte des 2. Jahrtausends v. Chr. bildet einen weiteren wichtigen Entwicklungsschub. Aus dem seit längerem bekannten Kupfer gewann man durch die Legierung mit zehn Prozent Zinn das sehr viel härtere Metall Bronze. Damit wurde die Effektivität von Werkzeugen und Waffen erhöht. Mit dem Metallzeitalter beschleunigte sich die kulturelle Entwicklung und soziale Differenzierung. Hierfür finden sich im weiteren Umland Erfurts eindrucksvolle Zeugnisse wie der auf 1940 v. Chr. datierte große Grabhügel bei Leubingen nahe Weißensee. Reich mit Beigaben aus Bronze und Gold versehen, ruhte hier möglicherweise ein Fürst, der über große Teile des Thüringer Beckens geherrscht haben könnte. Zahlreiche bronzezeitliche Bauern fanden auf dem Mühlberg bei Großbrembach ihre letzte Ruhe. Diese Funde kann man der Aunjetitzer Kultur (2000–1500 v. Chr.) zurechnen. Auf sie folgten die Hügelgräberkultur (1500–1200 v. Chr.) und die Urnenfelderkultur (1200–800 v. Chr.).

Auch im Erfurter Raum selbst ist die Bronzezeit gut belegt. Zu weiterhin zahlreicher Keramik, Schmuck, Rasiermessern oder Gewandnadeln kommen jetzt vor allem hochwertige Bronzewaffen. Ein wertvoller Fund aus der Zeit der Hügelgräberkultur auf dem ehemaligen Erfurter Südfriedhof enthält eine typische Waffenkombination, einen Dolch und eine Sichel. Während es allerdings vermutlich aufgrund einer langen Feuchtperiode in jener Zeit eine relativ geringe Besiedlung gab, erhöhte sich diese in der Urnenfelderkultur wieder erheblich. So finden sich die namensgebenden Urnenbestattungen in großer Zahl am Roten Berg, Herrenberg und Wiesenhügel. Ob und welche religiösen Vorstellungen hinter dem Wandel der Bestattungsart von flachen Erdgräbern unter Grabhügeln hin zur Verbrennung und Beisetzung in kleinen Urnen geführt haben, lässt sich heute nicht mehr nachvollziehen. Eines der größten deutschen Gräberfelder jener Zeit, jenes am Wiesenhügel, enthält zudem Gräber von Körper- und Feuerbestattungen. Als Waffen dienten jetzt vor allem Schwert und Lanze.

Die Eisenzeit als letzte der drei großen ur- und frühgeschichtlichen Epochen wird nach wichtigen Fundorten in die Hallstattzeit (800–500 v. Chr.) und La-Tène-Zeit (500 v. Chr. bis zur Zeitenwende) untergliedert. Als Träger dieser Kulturen treten erstmals bei antiken Autoren zwei große, „barbarische" Volksstämme auf, die Kelten und Germanen. Sie lebten offenbar zeitweise gemeinsam in Thüringen, wobei die ethnische Abgrenzung schwerfällt. Den Kelten zugeordnet wird vor allem der Süden zwischen Werra, Saale und Orla. Die Steinsburg auf dem Kleinen Gleichberg bei Römhild, eine befestigte keltische Höhensiedlung (Oppidum, 6.–1. Jahrhundert v. Chr.), gilt dabei als das größte Bodendenkmal Thüringens. Die Funde belegen auch den Handel mit dem großen keltischen Kulturraum von West- bis Osteuropa, an dessen Nordgrenze zu den Germanen sich Thüringen befand. Diese Grenzlage machte Thüringen zu einem zentralen Austauschraum zwischen Kelten und Germanen. Das wertvolle Eisen, mit dem Werkzeuge und Waffen nochmals an Leistungsfähigkeit gewannen, wurde in Form von Barren gehandelt.

Das Erfurter Gebiet befand sich also genau am Schnittpunkt zwischen keltischem und germanischem Kulturkreis. Man geht davon aus, dass die ansässige Bevölkerung zunächst unter den Einfluss der süddeutsch-keltischen Kultur geriet. Lange importierte man die neuen Eisenprodukte, ehe vermutlich erst im 6. Jahrhundert v. Chr. die komplizierte Eisenproduktion vor Ort einsetzte. Typische Kulturgegenstände der La-Tène-Zeit sind die zahlreichen in und um Erfurt gefundenen Fibeln, kunstvolle Gewandverschlüsse. Vermutlich im 2. Jahrhundert v. Chr. wurde der Raum Erfurt dann von germanischen Stämmen besiedelt, die Kelten wurden nach Süden verdrängt. Mit dem Vordringen der Elbgermanen und dem Verschwinden der keltischen Oppida-Kultur im letzten Jahrhundert v. Chr. setzten schließlich jene Prozesse ein, die zur Herausbildung des Stammes der Thüringer führen sollten.

Mit der Entstehung des Stammes und Königreiches der Thüringer im 5. und 6. Jahrhundert lässt sich erstmals archäologisch eine Zentralortfunktion Erfurts fassen.

Die ersten Bewohner Thüringens, für die ein Stammesname bekannt ist, könnten die elbgermanischen Hermunduren gewesen sein. Sie stiegen im ersten Jahrhundert n. Chr. zu einer führenden Macht unter den Germanenstämmen auf und standen in engem kulturellen Kontakt zum Römischen Reich. Hierauf deuten auch zahlreiche Funde aus dem Raum Erfurt hin wie Münzen, Schmuck und Keramik. Die Hermunduren bildeten eine Adelsschicht aus, an deren Spitze sich ein Stammeskönigtum etablierte. Schlaglichter auf ihre germanische Götterwelt wirft etwa das Opfermoor bei Oberdorla nahe Mühlhausen. Jene Kultstätte hat u.a. Idole (Götterfiguren) in Form von geschnitzten Pfählen oder Astgabeln überliefert. Diese können germanischen Göttern wie Wodan oder Freyr, aber auch römischen Gottheiten wie Diana zugeordnet werden.

Die Entstehung des Stammes der Thüringer im Zuge der Völkerwanderung liegt weitgehend im Dunkeln. Lange Zeit ging man davon aus, dass dieser aus den Hermunduren, ergänzt um Teile der Angeln und Warnen, hervorgegangen sei. Jüngere Forschungen haben dies infrage gestellt, ohne die ethnische Herkunft weiter erhellen zu können. 395 werden die „Toringi" jedenfalls beim römischen Autor Vegetius Renatus erstmals erwähnt. In der zweiten Hälfte des 5. Jahrhunderts gelang ihnen die Bildung eines mächtigen Königreiches, das mit dem Ostgotenreich Theoderichs des Großen verbündet war. 510 heiratete König Herminafrid, Sohn des ersten namentlich bekannten Königs Bisin(us), die Theoderich-Nichte Amalaberga. Nach dem Tod Theoderichs (526) brach das ostgotische Bündnissystem rasch zusammen. Die Thüringer wurden jetzt vom aufstrebenden Reich der Franken im Westen bedroht. 531 unterlagen sie in einer vernichtenden Schlacht an der Unstrut dem Heer der Franken,

534 fiel Herminafrid einem Mordanschlag zum Opfer. Seine Nichte Radegunde wurde vom Frankenkönig Chlothar verschleppt und musste diesen heiraten. Später gründete sie das Kloster Poitiers und stieg zur beliebten Heiligen in Frankreich auf.

In der kurzen und tragischen Geschichte des Thüringer Königreiches, das ähnlich den Nibelungen in die germanische Sagenwelt eingegangen ist, spielte Erfurt noch keine Rolle im Sinne einer historisch verbürgten Hauptstadt oder Residenz. Allerdings gehörte die Stadt zu den bevorzugten Aufenthaltsorten der adligen Führungsschicht. Archäologische Funde belegen eine weiter differenzierte Gesellschaft mit einem wohlhabenden und mächtigen Adel, der enge Kontakte zu den Ostgoten pflegte. Die bedeutendsten Fundorte Stößen, Großörner, Weimar, Erfurt und Mühlhausen markieren den Kernraum des Reiches im Thüringer Becken und an der mittleren Saale. Von ihnen lässt sich allerdings nicht ohne weiteres auf die Herrschaftssitze der Könige schließen, deren Lage nicht überliefert ist. Den frühen Einfluss des Christentums zumindest am Königshof deutet der kunstvolle Spangenhelm von Stößen aus dem ersten Viertel des 6. Jahrhunderts an, der christliche Symbole enthält.

Die Dichte und Qualität der Funde aus dem Raum Erfurt erlauben es, diesen bereits als ein politisches und kulturelles Zentrum der Thüringer anzusprechen. Einige Archäologen und Historiker vermuten hier dementsprechend einen – freilich noch nicht lokalisierten – Adels- oder Königshof. Besonders im Raum Gispersleben und am Roten Berg konnten herausragende Funde aus dem Boden geborgen werden. Neben diversem Schmuck, Waffen und Alltagsgegenständen bilden die vergoldeten und reich verzierten Schmuckfibeln für Frauengewänder archäologische Glanzstücke. Eines der aufwendigsten und besterhaltenen Gräber findet sich am Kleinen Roten Berg, wo eine junge Frau auf zweirädrigem Wagen aufgebahrt wurde. Das große Hügelgrab sowie der Wagen und die reichen Beigaben deuten auf eine fürstliche Bestattung hin. Es könnte sich hierbei sogar um eine Angehörige der nur wenig später von den Franken vernichteten Thüringer Königsfamilie handeln.

Seit dem Untergang des Thüringer Königreiches 531/34 gehörte Erfurt zum Fränkischen und später zum deutschen Reich.

Mit der Besetzung Thüringens durch die Franken kam Erfurt unter deren Oberhoheit. Verlor der Stamm der Thüringer damit zwar seine politische Unabhängigkeit, so behielt doch Erfurt weiterhin seine Funktion als Zentralort. Man vermutet auf dem exponiert gelegenen Petersberg einen fränkischen Verwaltungssitz, aus dem sich später die heute allerdings nicht mehr archäologisch nachweisbare Königspfalz entwickelt haben könnte. Erfurt besaß durch die zunächst kritische Grenzlage zu den bis Nordthüringen vorgedrungenen Sachsen und den Slawen im Osten hinter der Saale eine wichtige strategische Position für das Fränkische Reich. Auf die gezielte Zuwanderung von fränkischen Siedlern deutet besonders ein Gräberfeld bei Alach. Die reiche Ausstattung mit Pferden, Waffen und Schmuck spricht für Angehörige der Oberschicht, die Herrschafts- und Handelsfunktionen ausübten.

Unter dem aufstrebenden Hausmeiergeschlecht der Karolinger, die die Merowinger 751 als Könige ablösten, stieg das Frankenreich zum christlich-abendländischen Weltreich auf. Es reichte vom Atlantik und den Pyrenäen bis zur Elbe, Saale und Donau, von Mittelitalien bis zur dänischen Grenze. Die Kaiserkrönung Karls des Großen in Rom 800 legte den Grundstein für das spätere deutsche Kaiserreich. Karl konnte auch den Stamm der Sachsen nördlich von Thüringen unterwerfen, womit sich die prekäre Grenzlage deutlich entspannte und nun auf die östlichen Slawen konzentrierte. Die Reichsinteressen wurden von einheimischen Grafen wahrgenommen, Königspfalzen und Burgen sicherten die fränkische Macht.

Das mittelalterliche Thüringen zwischen Harz, Thüringer Wald, Werra und Saale hatte nunmehr die sichtbare Ausprägung als landschaftliche und ethnisch-kulturelle Einheit mit klarem Eigenbewusstsein seiner Bewohner gefunden. Dies spiegelt sich etwa im zum Mitteldeutschen zählenden thüringischen Dialekt wider, der sich vom Hessischen, (Ost-)Fränkischen, Obersächsischen und Niederdeutschen abhebt. Auch die Aufzeichnung der „Lex Thuringorum" (802/03), des Volksrechtes der Thüringer, unter Karl dem Großen deutet darauf hin. In karolingischer Zeit traten die Thüringer zudem häufig als handelnde Einheit auf, etwa in den militärischen Auseinandersetzungen der Franken untereinander oder mit fremden Mächten. Seit Karl dem Großen hatten „Markenherzöge" auch das Vorfeld zu den Slawen und Awaren zu sichern.

Mit der Ersterwähnung durch Bonifatius 742 und zwei Urkunden der Karolingerzeit wird die Stellung Erfurts als Zentralort und Handelszentrum erstmals schriftlich belegt.

In der Frankenzeit tritt Erfurt nun auch ins Licht der schriftlich überlieferten Geschichte. Hierbei wird die Entwicklung zum Siedlungsschwerpunkt, Zentralort und Handelszentrum in Thüringen historisch greifbar. Die erste urkundliche Erwähnung fällt in das Jahr 742. Es handelt sich um einen Brief des Missionars Bonifatius, des „Apostels der Deutschen", an Papst Zacharias II. in Rom. Seit 721 mit der Mission in Ostfranken, Hessen und Thüringen betraut, schlug Bonifatius die Einsetzung dreier Bischöfe für dieses Gebiet vor, darunter in Erfurt („erphesfurt") für Thüringen. Dies unterstreicht die herausragende Stellung der Stadt, da man Bistumssitze gewöhnlich in den Metropolen der Region ansiedelte. Auch wenn das Bistum schon wenig später dem Bistum Mainz einverleibt wurde, entwickelte sich Erfurt zum kirchlichen Zentrum Thüringens. Für die von Bonifatius maßgeblich vorangetriebene Christianisierung steht die Legende von der Fällung der Donar-Eiche. Nach einer von mehreren Überlieferungen soll er den für die heidnischen Germanen heiligen Baum im Erfurter Steiger gefällt haben, um die Überlegenheit des christlichen Gottes zu demonstrieren.

Die große strategische Bedeutung für die fränkischen Landesherren seit der Eroberung Thüringens wird mit der erstmaligen urkundlichen Erwähnung eines „palatio publico", also wohl einer Königspfalz, im Jahre 802 deutlich. Wie erwähnt vermutet man diese Pfalz auf dem Petersberg. Neben der herausgehobenen kirchlichen und politisch-administrativen Stellung wird auch der Aufstieg zum Handelszentrum in der Karolingerzeit deutlich. Seit dem Vordringen der Germanen lassen sich dichtere Siedlungsspuren im heutigen Altstadtgebiet nachweisen. Bonifatius spricht in seinem Brief von 742 davon, dass Erfurt „schon lange eine Stadt heidnischer Bauern" gewesen sei. 805 bestimmte Karl der Große im Diedenhofener Kapitular „erpisfurt" zu einen der wenigen privilegierten Grenzhandelsplätze mit den Slawen, womit nicht zuletzt der Waffenhandel kontrolliert werden sollte.

In der Zeit der Ottonen, unter denen sich das ostfränkisch-deutsche Reich herausbildete, gehörte Erfurt als Königsgut zu den Stützen der Zentralgewalt.

Neben der fränkischen Ansiedlung und dem Vordringen von Sachsen in den nordthüringischen Raum gehörten die Slawen zu den Gruppen, die mit den Thüringern im Mittelalter zu einer ethnischen Einheit verschmolzen. Nach dem Untergang des Thüringer Königreiches drangen die Slawen von Osten her bis zur Saale vor und siedelten sich darüber hinaus bis in den Raum Erfurt neben der germanischen Bevölkerung an. Bis ins 10. Jahrhundert behaupteten die Slawen östlich der Saale ihre Unabhängigkeit und fielen immer wieder kriegerisch ins Frankenreich ein, weshalb den Herzögen in Thüringen eine wichtige Abwehrfunktion zukam. Allmählich ging jedoch nach der Integration der Gebiete östlich der Saale in das deutsche Reich die slawische Bevölkerung in der deutschen auf. An die Slawen erinnern die vielen Ortsnamen auf -itz oder mit „wendisch" bzw. „windisch", wie der heutige Erfurter Vorort Windischholzhausen. Archäologisch etwa mit Schmuckfunden zu verorten, sind unsere slawischen Vorfahren bis ins 12. Jahrhundert in Dittelstedt, Daberstedt, Neuschmidtstedt und Melchendorf.

Mit dem Tod Karls des Großen 814 begann der Zerfall des fränkischen Großreiches. Nach dem Vertrag von Verdun 843 mit seiner Dreiteilung unter Karls Enkeln bildete sich aus dem östlichen Teil allmählich das deutsche König- bzw. Kaiserreich heraus. Unter den sächsischen Ottonen (919–1024) gehörte Thüringen zum Kernraum der königlichen Zentralgewalt. Heinrich I. rückte 919 zum ersten nichtfränkischen König auf und kann als ein Begründer des deutschen Reiches angesehen werden. Sein Sohn Otto der Große erneuerte 962 das nunmehr an das ostfränkisch-deutsche Reich gekoppelte römische Kaisertum. Die Herzöge von Sachsen besaßen ihren Herrschaftsschwerpunkt im Harzumland und in Nordthüringen. Als Könige stützten sie sich auch auf Reichsbesitz und Pfalzen in jenem Raum. Erfurt spielte dabei als Ort zahlreicher hochrangiger Hoftage eine wichtige Rolle. So bestimmte Heinrich I. kurz vor seinem Tod 936 seinen Sohn Otto in Erfurt zum Nachfolger.

Unter den Ottonen begannen Thüringen und sein Zentralort Erfurt aus ihrer Randlage in das Zentrum des deutschen Reiches zu rücken. Von 928 an hatten die Deutschen ihren Herrschaftsbereich auf die Gebiete bis zur Oder und Neiße ausgeweitet. Während die nördlichen Bereiche 983 bei einem Aufstand der Slawen vorerst wieder verloren gingen, konnten die auch als „Thüringer Mark“ bezeichneten Marken Merseburg, Zeitz und Meißen mit ihren jeweiligen Bistümern gehalten werden. Die Beseitigung der Gefahr durch das Reiternomadenvolk der Ungarn festigte ebenfalls die Machtstellung der Ottonen. Die Ungarn waren mit Beginn des 10. Jahrhunderts immer wieder auch in Thüringen eingefallen. Mit einer neu aufgestellten Panzerreiterei gelang Heinrich I. 933 bei Riade, einem nicht mehr lokalisierbaren Ort im Mündungsbereich der Unstrut in die Saale, ein durchschlagender Erfolg. Otto der Große konnte mit dem Sieg auf dem Lechfeld bei Augsburg 955 die Ungarngefahr endgültig bannen.

Um 1000 trat der Mainzer Erzbischof als weltlicher Landesherr von Erfurt auf und festigte seine Herrschaft. Aber auch die kaiserliche Zentralgewalt blieb präsent.

Seit der fränkischen Eroberung war Erfurt ein wichtiger Vorposten der Zentralgewalt und gehörte zum Königsgut. Um 1000 gelang es jedoch dem Mainzer Erzbischof, sich auch zum weltlichen Stadtherrn aufzuschwingen. Ohne einen datierbaren Herrschaftsakt hierfür benennen zu können, tritt der Erzbischof fortan auf Urkunden, Münzen und anderen Zeugnissen als Herr über die Stadt auf. Als Erzkanzler und einer der späteren sieben Kurfürsten gehörte er zu den angesehensten und mächtigsten Herrschern des Reiches. Seine Position in Erfurt sicherte er durch verschiedene Ämter, die von Adligen und Dienstmännern (Ministerialen) wahrgenommen wurden. Das Amt des Vogtes mit der hohen Gerichtsbarkeit übten lange Zeit die Grafen von Gleichen aus. Den Vitztum, Stellvertreter des Erzbischofs, stellten die Herren von Apolda. Hinzu kamen die zwei Schultheißen in der Stadt und im Brühl für die niedere Gerichtsbarkeit, der Marktmeister und der Münzmeister. Sitz der erzbischöflichen Verwaltung wurde der „Mainzer Hof" im Brühl.

Trotz der Mainzer Stadtherrschaft nahm auch die Reichsgewalt weiterhin in Erfurt ihre Rechte wahr. So wurden neben den erzbischöflichen nach wie vor kaiserliche Münzen in Erfurt geprägt. Im Kloster auf dem Petersberg, das die Aufgaben der seit dem 11. Jahrhundert nicht mehr erwähnten Königspfalz übernahm, residierten Salier, Staufer und Habsburger. 1181 endete in Erfurt eine der großen Rivalitäten des Mittelalters. Der Reichsfürst Heinrich der Löwe musste sich Kaiser Friedrich I. Barbarossa beugen. Zuvor hatte der Welfe Heinrich seine Gefolgschaft für die Italienzüge des Staufers Barbarossa versagt und offen rebelliert. Sein Kniefall erfolgte am 11. November in der Peterskirche. Der Reichstag von 1181 war aber nur eine von vielen Reichsversammlungen und Synoden. Es blieben aber vor allem die mehrfachen Aufenthalte Barbarossas in der Erinnerung der Bürgerschaft, galt der legendäre rotbärtige Kaiser doch bald als Symbolfigur hochmittelalterlicher Reichsherrlichkeit. Das schlug sich auch noch in den großen historistischen Wandbildern des Rathausfestsaales aus dem späten 19. Jahrhundert nieder, von denen eines den Kniefall 1181 zeigt.

Eines jener zahlreichen Treffen hochrangiger Persönlichkeiten erlangte als „Erfurter Latrinensturz" traurig-skurrile Berühmtheit. 1184 hielt König Heinrich VI., Sohn und späterer Nachfolger Kaiser Barbarossas, in Erfurt einen Hoftag ab. Er suchte einen Streit zwischen Erzbischof Konrad I. von Mainz und Landgraf Ludwig III. von Thüringen zu schlichten, den einflussreichsten Kontrahenten der Region. Am 26. Juli saß der König deshalb mit großem Gefolge im zweiten Stockwerk der Dompropstei des Marienstiftes zu Rat, als der morsche Boden unter der ungewöhnlichen Last zusammenbrach. Der versammelte Hochadel stürzte in die Tiefe. Da auch das Erdschoss nicht standhielt, fielen die Herabstürzenden in die darunterliegende Abtrittsgrube. Nach zeitgenössischen Chroniken fanden bis zu 60 Menschen einen kläglichen Tod in den Fäkalien, darunter Graf Friedrich von Kirchberg und Graf Heinrich von Schwarzburg. König Heinrich saß in einer gemauerten Fensternische und wurde mit Leitern in Sicherheit gebracht. 1191 konnte der Staufer so die Nachfolge seines Vaters als Kaiser antreten.

Im 11. Jahrhundert begann die Entwicklung zur Stadt, die im 12. Jahrhundert einen ersten Höhepunkt von Architektur und Kunst erlebte.

Im 11. Jahrhundert vollzog sich die Entwicklung Erfurts zur Stadt. Von großer Bedeutung war hierfür die von der Natur begünstigte Lage am Südrand des fruchtbaren Thüringer Beckens. Dies hatte zu einer kontinuierlichen Besiedlung seit der Jungsteinzeit geführt und Erfurt bereits zu einem vorstädtischen Zentrum gemacht. Man geht davon aus, dass sich die Kreuzung wichtiger mittelalterlicher Handelsstraßen, besonders der Hohen Straße oder Via Regia (Königsstraße) in Ost-West-Richtung von Paris bis Kiew, entscheidend auf die Entwicklung zum prosperierenden Fernhandelszentrum ausgewirkt hat. Die Furten durch den Fluss Gera, für den Handel sehr wichtige seichte Flussübergänge, standen so sicher nicht zufällig auch für den Stadtnamen Pate. Der Ursprung des von Bonifatius 742 stammenden Namens „erphesfurt", aus dem sich allmählich „Erfurt" entwickelte, lässt sich allerdings nicht mit letzter Sicherheit erklären. Neben Sagen über einen Müller Erff oder den Grafen Erpo spricht wohl einiges für die Deutung, dass die Gera früher Erph, Erphesa oder Erpha geheißen habe, was so viel wie braunes Wasser bedeutet.

Wichtig war der Fluss Gera aber auch als natürliche Ressource, etwa für die Energiegewinnung durch die zahlreichen Mühlen. Der große Holzbedarf der Stadt wurde lange durch Flößen gestillt. Die Gera durchfloss mit einem Hauptarm (Breitstrom), der später zugeschütteten Hirschlache (im Verlauf von Anger und Johannesstraße), und Nebenarmen wie dem Bergstrom das Stadtgebiet von Südwesten in einem markanten Bogen Richtung Norden. Einige dieser Flussarme wurden später künstlich angelegt. Mit Gera-Wasser speiste man auch die Ende des 13. Jahrhunderts angelegten offenen Kanäle in den Straßen, die Klingen, die u.a. zur Löschwasserversorgung und Straßenreinigung dienten. Allerdings sorgte der im Thüringer Wald entspringende Fluss bis ins späte 19. Jahrhundert auch immer wieder für teils verheerende Überschwemmungen. Eingerahmt wird die Flussaue von der bewaldeten Höhe des Wawet, dem heutigen Steiger, im Süden, dem Cyriaksberg, Domhügel und Petersberg im Westen sowie den umliegenden Hochebenen. Das fruchtbare Land der Umgebung sorgte für intensive Landwirtschaft auch mit Spezialkulturen (Obst, Wein), was Erfurt später durch Martin Luther den Ruf eines „Gärtners des Reiches" einbrachte.

In diesem günstigen natürlichen Umfeld entwickelte sich das alte thüringische Siedlungszentrum schließlich zur Stadt. Ein wichtiges Merkmal stellt dabei die Existenz einer Stadtbefestigung dar. Eine solche ist in einer Chronik bereits für das Jahr 1066 belegt. Jene Prozesse spielten sich allerdings in politisch turbulenten Zeiten ab. Unter den salischen Königen und Kaisern (1024–1125), als Thüringen nicht mehr zu den Kernräumen der Zentralgewalt gehörte, geriet Erfurt etwa in die kriegerischen Auseinandersetzungen des Investiturstreites. König Heinrich IV. ließ 1080 als Gegner des Mainzer Erzbischofs, der mit Gegenkönig Rudolf von Rheinfelden verbündet war, die Stadt plündern und niederbrennen. Laut Chroniken spielten sich dabei dramatische Szenen ab. Viele in die Severikirche auf dem Domberg geflüchtete Erfurter fanden beim Niederbrennen des Gotteshauses einen schrecklichen Tod. Auch die Zerstörung der Peterskirche wird erwähnt. Sicher stellt das Jahr 1080 so eine Zäsur in der Stadtentwicklung dar, auch wenn das Ausmaß der Verwüstungen heute umstritten ist. Es folgte zudem ein rasches Wiederaufblühen des Handels-, Verwaltungs- und Kirchenzentrums, gezielt vorangetrieben besonders von Erzbischof Adalbert I. (1110–1137).

Jenem bedeutenden Erzbischof wird mit der Zuweisung eines eigenen Gerichtsbezirkes unter dem Stadtschultheißen auch ein wichtiger Schritt zur Stadt als eigenständige rechtliche Einheit zugeschrieben. Mit dem Freizinsrecht, der Verleihung von Grundstücken gegen einen jährlichen geringen Zins zur freien Verfügung, schuf er Anreize für Ansiedler, versicherte sich der „Liebe und Treue meiner Bürger“ und legte zugleich wichtige Grundlagen für die Entwicklung einer freien Bürgerschaft. Als regionales Machtzentrum und bedeutendste Stadt ihres Herrschaftsbereiches neben der Metropole Mainz maßen die Erzbischöfe Erfurt große Bedeutung zu. Das galt nicht zuletzt vor dem Hintergrund der häufigen Machtkämpfe mit dem Kaiser und den Grafen der Region. Hinzu kamen seit dem späten 11. Jahrhundert Spannungen wegen der Durchsetzung des Kirchenzehntes. Lange hatten sich die Bauern gegen diese ursprünglich zehn Prozent der landwirtschaftlichen Erträge umfassende Abgabe an die Kirche gewehrt. Deshalb ließ Adalbert I. auch 1123 auf dem Domhügel eine Bischofsburg („Krummhaus“) errichten, an die noch die sogenannte Bonifatiuskapelle, ein ehemaliger Befestigungsturm, erinnert. Hierfür hatte der Erzbischof das an dieser Stelle angesiedelte Benediktinerinnenkloster auf den Cyriaksberg verlegen lassen.

Die Entwicklung bekam also im 12. Jahrhundert einen kräftigen Impuls, sodass nach den Zerstörungen von 1080 sogar von einer „Stadt-(Neu-)Gründung" (Thomas Nitz) gesprochen wurde. Die Erzbischöfe betätigten sich eifrig als Kirchengründer, erweiterten das Stadtgebiet und ließen 1168/69 anstelle mehrfach geschleifter Vorgängerbauten eine dauerhafte steinerne Stadtmauer von etwa 4.300 Meter Länge anlegen. Diese schloss den Petersberg, den Domhügel und die Stadtteile beiderseits der Gera ein. Als Wallgraben umfloss die neu angelegte „wilde Gera" im Osten die Stadtmauer. Damit war das Kerngebiet der mittelalterlichen Stadt abgesteckt, das erst im 15. Jahrhundert eine Ausweitung durch den zweiten Mauerring erfuhr.

Strukturiert wurde das Stadtgebiet nicht zuletzt durch den Verlauf der großen Handelsstraßen. Die Via Regia führte von Westen kommend über den Sattel zwischen Petersberg und Domberg in die Stadt. Dort verlief sie nach einer Gabelung unterhalb des Domsattels zum einen durch die heutige Pergamentergasse zur Furt bei der Lehmannsbrücke und weiter durch die Augustinerstraße sowie zum anderen durch die Marktstraße über die Furt bei der Krämerbrücke durch die Futterstraße und Meienbergstraße zur Stadt hinaus. Später änderte sich der Verlauf dieser Hauptadern teilweise durch die Anlage der Stadtmauern und -tore. So lenkte die neue Magistrale von Anger und Johannesstraße den Verkehr jetzt nach Osten und Norden durch das Krämpfer- und Johannestor. Die Via Regia konzentrierte sich fortan auf die Trasse Marktstraße–Krämerbrücke–Meienbergstraße–Krämpfertor. Nach Süden führte eine Abzweigung von der Marktstraße über die Lange Brücke durch das Löbertor zum „Frankenstieg" Richtung Nürnberg. 1235 wurde schließlich der Verlauf statt wie bisher durch das Lauentor über den

Dombergsattel nun in die Niederung des Brühls durch das Brühler Tor verlegt.

Wo sich die ursprünglichen Siedlungskerne befanden, ist nicht sicher zu sagen. Man nimmt heute an, dass es an den wichtigen Furten bei der Lehmannsbrücke und Krämerbrücke zu ersten Verdichtungen der Bebauung kam. Davon ausgehend wurden allmählich die Bereiche östlich und westlich des Gerabogens mit Häusern bebaut. Einen Schub scheint dabei der Stadtmauerbau von 1168/69 verliehen zu haben. Lange weitgehend von einer Bebauung ausgenommen war der als Gartenland genutzte, feuchte Brühl. Archäologisch erwiesen scheint, dass es im 11. Jahrhundert noch keine Ansiedlung östlich der Linie Anger und Johannesstraße gegeben hat, an der entlang die erwähnte Hirschlache wohl als natürliche Grenze verlief. Dieses Gebiet kam erst mit der neuen Stadtmauer zur Siedlungsfläche hinzu. Um 1200 scheint die Parzellierung und Bebauung der etwa 133 Hektar großen Fläche innerhalb des Mauerrings bereits weitgehend abgeschlossen gewesen zu sein.

Das 12. Jahrhundert stellte auch einen ersten Höhepunkt von Architektur und Kunst dar. Geprägt wurde das Stadtbild von den jetzt entstehenden, großen Kirchen aus Stein, neben denen sich die überwiegend in Fachwerk errichteten Wohn- und sonstigen Gebäude eher bescheiden ausnahmen. An der Stelle eines frühen Vorgängerbaus, der möglicherweise von Bonifatius selbst 725 als erste Kirche Erfurts veranlasst worden war, entstand zwischen 1154 und 1182 der romanische Dom St. Marien. An diese Bauphase erinnern noch die Türme mit ihren Rundbogenfenstern. Beim Bau fand man die Gebeine der Heiligen Adolar und Eoban, Gefährten von Bonifatius, die im Dom beigesetzt worden waren und fortan als Schutzpatrone verehrt wurden. Adolar galt einer Sage nach als einziger Bischof von Erfurt. Auch die benachbarte Severikirche, wie der Dom damals bereits Sitz eines Kanonikerstiftes, besitzt romanische Wurzeln und eine lange Tradition. Erzbischof Otger hatte 836 die Gebeine des heiligen Severus von Ravenna nach Erfurt bringen

Dom und Severikirche auf dem Domhügel gehören zu den imposantesten Ensembles der europäischen Sakralarchitektur.

lassen, wo sie bis heute im wertvollen Severisarkophag ruhen. Dom und Severikirche, thronend auf dem Domhügel oberhalb der Stadt, bilden in ihrer späteren gotischen Ausformung eines der imposantesten Ensembles mittelalterlicher Sakralarchitektur. Die Stifte St. Marien und St. Severi genossen über Jahrhunderte ein besonders hohes Ansehen.

Auf dem Petersberg befand sich möglicherweise bereits seit dem 8. Jahrhundert ein Kloster. 1060 hatte Erzbischof Siegfried I. das dortige Chorherrenstift in ein Benediktinerkloster umgewandelt. Es war damit das erste und lange das angesehenste Kloster in Erfurt. 1103 bis 1147 wurde die romanische Peterskirche errichtet, die über Jahrhunderte gemeinsam mit Dom und Severi die Stadtkrone bildete. Die gewaltige dreischiffige Pfeilerbasilika St. Peter und Paul gehörte zu den großartigen romanischen Gotteshäusern im hirsauischen Reformstil. Eine Reihe weiterer Kirchen- und Klostergründungen (Augustiner-Chorherrenstift [Reglerkloster] 1131,

Schottenkloster nach 1130) folgte. 1182 wurde die rasant gewachsene Stadt in Pfarrgemeinden gegliedert, sodass viele Pfarrkirchen in jene Zeit zurückgehen.

Die Sakralbauten des 12. Jahrhunderts bargen romanische Kunstwerke von hohem Rang. Im Dom zeugen hiervon die Stuckmadonna und der Kerzenträger „Wolfram" als älteste Ausstattungstücke (um 1160). Der „Erfurter Wolfram", benannt nach dem mutmaßlichen Stifter des Kunstwerkes, einem Mainzer Ministerialen, gilt als eine der ersten vollplastischen lebensgroßen Bronzefiguren eines zeitgenössischen Menschen. Einiges von ihrer beeindruckenden romanischen Ausstrahlung bewahrt hat sich die Schottenkirche, während die meisten Kirchenbauten gotisch oder durch jüngere Baustile überformt wurden. Ein weithin gerühmter Hort von Kunst und Wissenschaft wurde das Peterskloster. Die im hirsauischen Stil arbeitende „petrinische Kloster- und Malschule" fertigte seit 1078 die bekannten Petersannalen bzw. -chroniken.

Allen voran die außergewöhnlich vielen Kirchenbauten verliehen der mauerumwehrten Stadt am Ende des 12. Jahrhunderts bereits ein imposantes Aussehen. Zugleich festigte Erfurt seine Stellung als kirchliches Zentrum in Thüringen, obwohl es kein Bistumssitz war. Deutlich wurde dies später u.a. durch den Sitz eines Weihbischofs, Generalrichters und Generalkommissars, die alle weitgehenden Befugnisse für die Region besaßen. So war nicht ohne Grund auch vom „thüringischen Rom" die Rede.

II.

„Metropolis Thuringiae" im Spätmittelalter

Erfurt stieg im Spätmittelalter zum Handels- und Kulturzentrum, zu einer der größten Städte des Reiches auf. Auf Karten oder in Chroniken ist häufig von der „Metropolis Thuringiae" die Rede, der Metropole Thüringens. Hartmann Schedel spricht in seiner berühmten „Weltchronik" von 1493, der wir die erste Stadtansicht verdanken, von „Erffurt der groß und gedechtnußwirdig statt ein hawbt Thüringer lannds [...] mit mawrn umbfangen und mit thürnen bewaret [...] an wonunge, hewßern und höfen der burger und an gezierden der clöster und kirchen wunderperlich zugenomen". Verbunden mit diesem Aufstieg zur dynamischen mittelalterlichen Großstadt ist die Gewinnung weitgehender Autonomie gegenüber dem Mainzer Erzbischof. Die selbstbewusste Bürgerschaft rang seit der Mitte des 13. Jahrhunderts dem Landesherrn am Rhein viele Herrschaftsrechte ab. Im 14. und 15. Jahrhundert genoss sie praktisch das Ansehen einer Reichsstadt. In jener Zeit bewegte sich Erfurt auf dem absoluten Zenit seiner historischen Entwicklung, war eine der großen und stolzen Metropolen Deutschlands. Die ältere Geschichtsschreibung prägte hierfür sogar den Ausdruck vom „Heldenzeitalter der Stadt" (Carl Beyer).

Dies hatte auch Auswirkungen auf die Einwohnerschaft, deren Charakter sich grundlegend wandelte. Bis Ende des 11. Jahrhunderts lebte noch ein großer Teil von ihr in direkter feudaler Abhängigkeit zum Stadtherrn. Dann begannen die Erzbischöfe damit, städtischen Grund und Boden gegen Zahlung eines jährlichen „Freizinses" zu verteilen. Die urkundliche Überlieferung hierfür setzt wie erwähnt mit Adalbert I. als möglichen Urheber 1116 ein. Eigens geprägte Freipfennige waren jährlich nach dem Martinstag – der heilige Martin war Patron des Erzbistums Mainz – entweder an den Brühlschultheißen in der Severikirche oder den Marktmeister in der Kaufmannskirche zu zahlen. Später zog noch der Propst des Marienstiftes wohl dank Verleihung durch den Erzbischof Freizinsen ein. Der Besitz eines solchen erblichen „Freigutes“ enthob die Bürger weitgehend von Verpflichtungen gegenüber dem Stadtherrn und bildete eine wichtige Basis für die neue Gemeinschaft der Stadtbürger. Neuere Forschungen haben zwar gezeigt, dass zumindest im 12. Jahrhundert noch grundherrschaftliche Pflichten (Besuch der Gerichtstage, Erntehilfe, Pflügen, Schutzgelder, Botendienste) mit den Freizinsgütern verbunden waren, wie sie Bauern ihren Grundherren auf dem Land schuldeten. Dennoch hat der Besitz eines Freigutes allmählich aus ursprünglich unterschiedlichen Schichten der Bevölkerung eine Bürgerschaft entstehen lassen.

Über den Besitz von Haus und Hof kam es also wie in vielen anderen Städten jener Zeit „zur Herausbildung der städtischen Bürgerfreiheit“ (Karl Heinemeyer), die fortan die Entwicklung der Kommune und deren Verhältnis zum Stadtherrn nachhaltig beeinflusste. Der Grundbesitz war zugleich Voraussetzung für die berufliche Ausdifferenzierung. So war von Beginn an mit einem Freigut der Zugang zum Markt und die Möglichkeit der Aufnahme eines Fernhandelsgeschäftes verbunden. Das zog wohl nicht wenige Händler in das prosperierende Handelszentrum Erfurt. Auch viele Handwerker gehörten zur Bürgerschaft, für deren Zugehörigkeit der Besitz eines grundsteuerpflichtigen Anwesens dauerhaft zur Voraussetzung wurde. Der Titel des Bürgers musste beantragt und ein Bürgereid abgelegt werden. Von 1212 an war eine Aufnahmegebühr in Höhe von einer halben Silbermark zu entrichten. Antragsberechtigt waren alle männlichen Einwohner über 13 Jahre, ab 1510 über 16 Jahre. Die Bürger waren persönlich frei und politisch privilegiert. Neben vielen Rechten hatten sie auch Pflichten zu erfüllen wie Wach- und Feuerdienst, Hilfe beim Mauerbau und bei der Stadtverteidigung. Sie mussten Steuern zahlen und Schulden der Stadt mit abtragen.

Freilich lebten in der Stadt Personen mit unterschiedlicher Rechtsstellung: Bürger und Nichtbürger. Zu letzteren zählten Schutzverwandte, Gesinde der Haushalte, Geistliche, Juden, Prostituierte, Bettler, Soldaten und Gäste. Auch die Stadtbewohner ohne Bürgerrecht waren steuer-, wehr- und gerichtspflichtig. Zwischen den Erfurtern gab es neben den rechtlichen auch große Vermögensunterschiede. Die Steuerakten von 1511 enthalten Angaben der damals 3.089 Steuerpflichtigen. In den Händen von 115 Personen, also weniger als 4%, konzentrierte sich nahezu die Hälfte aller Vermögen. Diese Oberschicht setzte sich aus reichen Grundbesitzern, Großkaufleuten und wenigen Handwerksmeistern zusammen. 15% der Bevölkerung waren mittellos, rund 40% verfügten über ein geringes Vermögen von weniger als 25 Gulden. Überwiegend bestritten sie ihren Lebensunterhalt durch unselbstständige Arbeit. Aber auch arme Handwerksmeister, Kleinkaufleute und Bettler sind dieser Gruppe zuzurechnen. Die wenig homogene Mittelschicht setzte sich aus selbstständigen Handwerksmeistern, Händlern, Beamten, Akademikern und Geistlichen zusammen.

Seit dem 13. Jahrhundert erlangte die Bürgerschaft mit einem Rat an der Spitze weitgehende Autonomie vom Mainzer Stadtherrn und genoss praktisch das Ansehen einer Reichsstadt.

Jene neue Bürgerschaft, die sich u. a. durch das Freizinsrecht herausgebildet hatte, strebte im 13. Jahrhundert nach mehr Teilhabe an den kommunalen Angelegenheiten. Hierzu zählten etwa das Fürsorgewesen (Hospitäler, Armenfürsorge), die Pfarrgemeinden oder wichtige bauliche Veränderungen. Eine eng verbundene Führungsschicht hatte sich aus Kaufleuten und mainzischen Dienstleuten, den Ministerialen, herausgebildet. Als „burgenses" tauchen sie erstmals in einer Urkunde von 1212 auf. Bald sprach man auch von den „Gefrunten", den Befreundeten. Es handelte sich hierbei um eine recht kleine Gruppe von reichen Großhändlern und

Großgrundbesitzern. Sie stellten die Vertreter des Rates, der 1217 erstmals als leitendes Gremium der Bürgerschaft Erwähnung findet und 1255 eine feste Form bekam. Sichtbarsten Ausdruck fand die Etablierung der Ratsherrschaft im 1275 erstmals als „curia consulum" genannten Rathaus. Der später mehrfach erweiterte Komplex (1320 Marstall an der Gera, 1330 Rathausturm) am neu angelegten Fischmarkt wurde zum eigentlichen Stadtzentrum und Herzstück kommunaler Selbstverwaltung. Die Ausstattung der Ratshalle mit großen Setzschilden, Rundbildern, einer riesigen Armbrust und kostbarem Ratssilber erinnert heute ebenso wie das einstige Eingangsportal im Stadtmuseum an jenen Repräsentationsbau, der im 19. Jahrhundert dem neogotischen Rathaus weichen musste.

Die wachsende Bevölkerungszahl sowie der auch unter den Handwerkern und Kleinhändlern steigende Wohlstand stellten die privilegierte Stellung der Gefrunten im Rathaus jedoch bald infrage. In heftigen Verfassungskämpfen rückten zwischen 1283 und 1322 nun auch Handwerker in den Rat auf. Der Aufstand unter dem Bürger Volrat von Gotha 1283 sorgte zunächst für die Erweiterung auf 24 Ratsherren, zu denen jetzt auch zehn Vertreter der sogenannten großen Zünfte zählten. 1309 brachte ein weiterer Aufstand gegen die Ratsherrschaft eine durchgreifende Veränderung. Nun entsandten die Gefrunten nur noch vier, die Gemeinde und die Zünfte jeweils zehn Ratsherren. Neben dem Führungsamt der vier Ratsmeister traten die sogenannten Vierherren dem Rat als Kontrollorgan gegenüber. Drei von ihnen wurden durch die Stadtviertel (Johannes-, Viti-, Marien- und Andreasviertel), einer durch die Zünfte gestellt. Die Vierherren stiegen zu wichtigen Amtsträgern mit großem Einfluss auf die städtische Politik auf. Damit hatte sich eine Ratsherrschaft auf breiterer Grundlage etabliert, die fortan bis zum Ausgang des Mittelalters relativ stabil über die Geschicke der Stadt bestimmen sollte. Sie lag über viele Generationen vor allem in den Händen führender Bürgerfamilien wie den Kniphofs, den von der Sachsens, den Zieglers, den Milwitz', den von Hagens oder den Kellners.

Der Rat drängte schon in der ersten Hälfte des 13. Jahrhunderts darauf, städtische Angelegenheiten in die eigenen Hände zu bekommen. Zwar stand auf dem seither gebräuchlichen Stadtsiegel mit dem heiligen Martin geschrieben, Erfurt sei die „Treue Tochter des Mainzer Stuhls". Die Praxis sah aber anders aus. Immer mehr ursprünglich stadtherrliche Rechte zogen die Bürger an sich. Sehr entgegen kam ihnen dabei die ständige Geldnot der hoch verschuldeten Kirchenfürsten aus dem fernen Mainz. 1289 sah sich Erzbischof Gerhard II. in den „Concordata Gerhardi" gezwungen, seine wichtigsten verbliebenen Rechte (Vogtei, Marktmeister, Münze, Schultheißen) festzuschreiben. Diese befanden sich aber durch Verpachtung bereits faktisch in den Händen des Rates. Höhepunkt dieser Politik war der wohl endgültige Verkauf der Vogtei, des wichtigsten Herrschaftsamtes mit der hohen Gerichtsbarkeit, durch die Grafen von Gleichen am Ende des Jahrhunderts. Fortan verfügte der Rat als städtische Obrigkeit über die volle weltliche Gerichtsbarkeit und den Markt, prägte von 1352 bis ins 17. Jahrhundert eigene Erfurter Münzen. Die später mehrfach ergänzte „Erfurter Willkür" von 1306 wurde zum maßgeblichen Rechts- und Verwaltungsregelwerk der Stadt.

Erfurt war ein wichtiger Machtfaktor im spätmittelalterlichen Thüringen. Es konnte sich als Quasi-Reichsstadt insbesondere gegen Mainz und die wettinischen Landgrafen behaupten.

Erfurt stieg im 14. Jahrhundert über die errungene Autonomie hinaus zu einem wichtigen Machtfaktor in der Region auf. Dank des großen Reichtums konnte man sich neben der zum Kriegsdienst verpflichteten Bürgerschaft auch Söldnertruppen leisten, womit eine beachtliche Streitmacht von bis zu 2.000 Kämpfern zur Verfügung stand. Diese war in den zahlreichen kriegerischen Auseinandersetzungen jener Zeit häufig gefragt. Aus machtpolitischen Gründen und zur Sicherung der Handelswege erwarb die Stadt – 1269 mit Stotternheim beginnend – ein großes Landgebiet von mehr als

80 Dörfern und Burgen sowie der Stadt Sömmerda. Dabei setzte man sowohl auf die eigene Finanzkraft als auch auf militärische Gewalt gegenüber den benachbarten Grafen und Herrschaften. Mit rund 900 Quadratkilometern war das „Land Erfurt“ mit seinen sieben Vogteien und vier Ämtern eines der größten städtischen Territorien im Reich. Stolz präsentierte das große Stadtwappen im Stile fürstlicher Herrschaftssymbole die wichtigsten Ländereien. Es zeigte in der Mitte das (wohl von Mainz entlehnte) eigentliche Erfurter Wappen mit dem silbernen, sechsspeichigen Rad auf rotem Grund und darum die vier Besitzungen Kapellendorf, Vippach, Vieselbach und Vargula. Seine Machtposition festigte Erfurt auch durch den Thüringer Städtebund (1304–1469) mit den beiden Reichsstädten Mühlhausen und Nordhausen.

Ab Mitte des 14. Jahrhunderts genoss Erfurt also den Ruf einer Quasi-Reichsstadt, ohne allerdings die Mainzer Herrschaft ganz abzuschütteln. Vielmehr sollte für die Erfurter Politik bis ins 17. Jahrhundert hinein das pragmatische Ausspielen der Interessengegensätze konkurrierender Mächte charakteristisch bleiben. Neben der wichtigen Haltung des Kaisers hieß dies insbesondere, den Stadtherr Mainz und die Landgrafen von Thüringen in Schach zu halten. Schon die Gewinnung der Autonomie gegenüber Mainz war eingebettet in eine turbulente historische Umbruchsituation. Zum einen betraf das den staufisch-welfischen Thronstreit zu Beginn des 13. Jahrhunderts, in dem die Bürger zeitweise eine deutlich andere Position einnahmen als der Erzbischof. 1233 weigerten sie sich sogar offen, ihrem Stadtherrn bei einem königlichen Kriegszug Heerfolge zu leisten. Zunehmend steuerte der Rat einen eigenen Kurs in Fragen der „großen Politik“. Die Wirren des Interregnums (1248–1273) mit konkurrierenden Kaisern und verschlungenen Frontstellungen in der Reichspolitik boten hierfür erneut breiten Spielraum.

Auch in der Region gab es nachhaltige Veränderungen. Nach dem Aussterben der mächtigen ludowingischen Landgrafen von Thüringen kam es von 1247 bis 1264 zu einem erbitterten Erbfolgekrieg, aus dem die wettinischen Markgrafen von Meißen als Sieger hervorgingen. Zwar gelang es ihnen, sich dauerhaft zur bestimmenden Kraft in Thüringen aufzuschwingen, sie konnten allerdings nicht alle konkurrierenden Herrschaften wie die Schwarzburger und Reußen verdrängen. Im 14. und 15. Jahrhundert konnten in Thüringen nur noch die wettinischen Landgrafen, seit 1423 auch Kurfürsten von Sachsen, hinsichtlich wirtschaftlicher Ressourcen und Kriegsmacht mit Erfurt Schritt halten. Sie waren die Dauerrivalen der aufstrebenden Stadt, mussten aber stets auf den Erzbischof, Kaiser und regionale Machtkonstellationen Rücksicht nehmen. Zugleich gab es häufig Konflikte innerhalb der wettinischen Dynastie, die sich immer wieder in einzelne Linien aufspaltete. So kam es auf lange Sicht zur Entstehung der typischen thüringischen Kleinstaatenlandschaft, die der Metropole Erfurt zusätzliches Gewicht verlieh.

Zugleich blieb es bei der traditionellen Nähe Erfurts zur kaiserlichen Zentralgewalt. Das zeigt sich in den weiterhin zahlreichen Hof- und Reichstagen sowie wichtigen Ereignissen der Reichsgeschichte. So führte 1289/90 König Rudolf von Habsburg fast ein Jahr lang die Reichsgeschäfte von Erfurt aus und stellte dabei mit Unterstützung der Bürgerschaft den Landfrieden gegen die Raubritter wieder her. Mit dem beliebten greisen Monarchen verbinden sich zahlreiche Anekdoten, wie das spontane Ausrufen von frisch gezapftem Bier bei einem Erfurter Ratsherrn. Dies war eigentlich Aufgabe von Knechten der vier Stadtviertel, den sogenannten Bierrufern. In einer Urkunde Rudolfs von 1290 wurden zur Freude der Bürger ältere Privilegien für die Stadt bestätigt. Dies wiederholte sich unter vielen seiner Nachfolger. Dank des zwischen Weimar und Jena gelegenen Reichslehens Wasserburg Kapellendorf, das man 1352 den Burggrafen von Kirchberg abgekauft hatte, kam Erfurt sogar dem Status einer Reichsstadt sehr nahe. Freilich verloren die Kaiser seit dem frühen 14. Jahrhundert in Thüringen weitgehend ihren direkten Einfluss, was Erfurt bei seinen Ambitionen durchaus entgegenkam. Auch der Mainzer Erzbischof musste sich mit seinen Besitzungen im Eichsfeld und der nominellen Oberhoheit über Erfurt begnügen. Vor diesem Hintergrund sahen die Ratsherren wohl gar keine Notwendigkeit, die Reichsfreiheit samt der damit verbundenen Verpflichtungen wie Reichssteuern und militärische Gefolgschaft anzustreben.

Die Handels- und Kulturmetropole Erfurt gehörte zu den größten und wohlhabendsten Städten des Reiches. Eine wichtige Grundlage hierfür war das Blaufärbemittel Waid.

Entscheidende Grundlage dieser reichsstadtähnlichen Machtstellung war der Wohlstand durch Handel und Gewerbe, insbesondere durch den Fernhandel. Seit dem 14. Jahrhundert wurde Erfurt sogar „unter die freye Hansestädte gerechnet und gesetzet“, wie es in einer Chronik stolz heißt. Ein Symbol für die Handelsmetropole stellt die Krämerbrücke im Verlauf der Via Regia dar. Der Rat hatte verschiedenen kirchlichen Einrichtungen ihre Rechte auf der hölzernen Brücke abgekauft und 1325 einen steinernen Neubau errichtet. Hier durften nur wertvolle „Kramwaren“ (Edelmetalle, Gewürze, Stoffe, Borten, Gürtel, Geschmeide, Arzneien, Färbemittel) feilgeboten werden. Mit der Ägidienkirche ist noch eine von ehemals zwei Brückkopfkirchen erhalten, da die Benediktskirche im 19. Jahrhundert abgerissen wurde. Die Krämerbrücke zählt heute zu den bekanntesten Wahrzeichen der Stadt. Ihre beidseitige, geschlossene Brückenbebauung mit Fachwerkhäusern, die auf den Wiederaufbau nach dem großen Stadtbrand von 1472 zurückgeht, ist nördlich der Alpen einmalig.

Die Handelsverbindungen reichten schwerpunktmäßig von den Hansestädten im Norden bis zum süddeutschen Umschlagplatz Nürnberg, vom Rhein-Mainz-Gebiet bis Breslau, zum Teil aber auch weit darüber hinaus. Neben üblichen Handelswaren des Mittelalters (Getreide, Hopfen, Textilien, Felle, Papier, Metallwaren) besaß das einzige und damit entsprechend begehrte Blaufärbemittel Waid für Erfurt eine herausragende Bedeutung. Der Färberwaid ist eine zweijährige Pflanze aus der Familie der Kreuzblütengewächse, die im fruchtbaren mittelthüringischen Raum sehr gut gedeiht. Seine

Blätter konnten mehrmals im Jahr geerntet werden. Man breitete sie anschließend zum Anwelken auf Wiesen aus und zerquetschte sie unter dem Rad einer Waidmühle zu Waidmus. Die getrockneten Waidballen fuhren die Bauern nach Erfurt auf den Waidanger, den heutigen Anger. Hierzu waren sie gesetzlich verpflichtet. Den eigentlichen Veredelungsprozess zum Blaufärbemittel durften allein privilegierte Waidhändler durchführen, die ein versteuerbares Mindesteinkommen von 1.000 Gulden vorzuweisen hatten. Die Verarbeitung geschah u. a. durch Gärung mittels Urin auf den großen Dachböden der Waidhändlerhäuser. Die Erfurter Waidhändler unterhielten ein dichtes Verbindungsnetz in ganz Europa. Jüngere Forschungen haben die herausgehobene Stellung Erfurts neben der westeuropäischen Waidmetropole Toulouse deutlich gemacht.

Der Handel mit Waid war mit einer Gewinnspanne von bis zu 25 Prozent so einträglich, dass man auch von den „Waidjunkern" sprach. Oft waren diese identisch mit den privilegierten „Biereigen", die allein das ebenfalls sehr lukrative Recht besaßen, im Stadt- und Landgebiet Bier zu brauen und auszuschenken. Hieran erinnern die runden Löcher neben den Torfahrten repräsentativer Bürgerhäuser, in die bei frisch gebrautem Bier Strohbündel gesteckt wurden. Das Brauprivileg war deshalb so bedeutsam, weil (leichtes) Bier aufgrund der weitgehenden Ungenießbarkeit des Grundwassers das wichtigste Alltagsgetränk darstellte. Solche Privilegien und wirtschaftlichen Monopole, die sich auch auf den Weinhandel, andere Gewerbezweige sowie den Grundbesitz im Landgebiet erstreckten, führten zu den oben geschilderten extremen sozialen Unterschieden in der Bürgerschaft mit einer kleinen Oberschicht von Großhändlern und Landbesitzern.

Ein Messeprivileg von Kaiser Ludwig aus dem Jahre 1331 – 1443 und 1497 von seinen Nachfolgern Friedrich III. und Maximilian erneuert – stärkte die Bedeutung des Handelsplatzes. Daneben prägte natürlich auch der Nahhandel das Leben in der Stadt. Es gab verschiedene Märkte für die Bedürfnisse der Erfurter. Die Bauern des Landgebietes waren verpflichtet, neben dem Waid auch alle übrigen landwirtschaftlichen Produkte in Erfurt anzubieten. Besonders das Getreide aus dem fruchtbaren Umland war eine wichtige Grundlage für die Versorgung der Bevölkerung. Hieran erinnert bis heute etwa der mächtige Kornspeicher in der Großen Ackerhofstraße von 1472, der auf dem ehemaligen jüdischen Friedhof errichtet worden war.

Ein wesentliches Element der mittelalterlichen Wirtschaft war das Handwerk, das vor Ort viele der nötigen Produkte für Alltag und Luxus produzierte. Seine rund 100, heute zum Teil längst verschwundenen Berufsgruppen waren in Zünften organisiert. Diese regelten viele Fragen wie Ausbildung, Arbeitszeiten, Preise und Qualität, sorgten durch den Zunftzwang aber auch für die Abwehr neuer Konkurrenz. In der Hierarchie oben standen die an der Ratsherrschaft mitbeteiligten, neun großen Zünfte (Krämer, Bäcker, Lohgerber, Wollweber, Schuhmacher, Schmiede, Kürschner, Fleischer und Schneider). Politisch und sozial unter ihnen rangierten die neun kleinen Zünfte (Weißgerber, Senkler, Büttner, Schilder, Huter, Pergamentmacher, Färber, Heringer und Reußen) sowie weitere Handwerkergruppen. Viele Handwerker nutzten die Wasserkraft der zahlreichen Gera-Arme, sodass 1332 bereits 26 Mühlen gezählt wurden. Heute lassen sich die einstige Dichte der Handwerkerschaft und ihre mitunter in Straßen und Gassen konzentrierten Standorte in Namen wie Gerbergasse, Schuhgasse, Webergasse, Pergamentergasse, Löberstraße etc. nachvollziehen.

Das Anwachsen der Einwohnerschaft machte sich innerhalb der Stadt etwa durch die Teilung vieler ursprünglich größerer Parzellen bemerkbar. Zugleich war damit auch weiterhin die Gewinnung des Bürgerrechtes verbunden. Neben dieser Verdichtung der Bebauung innerhalb der Mauern wuchsen im Süden und Osten neue Vorstädte heran. Wegen der regelmäßigen kriegerischen Auseinandersetzungen begann man, diese durch einen zweiten Mauerring zu schützen. Erstmals geschah das nach Belagerungen durch den Landgrafen 1309 und 1315. Mitte des 15. Jahrhunderts entstand ein fester, steinerner Mauerring, der unter Einbeziehung des Petersberges alle

Vorstädte samt dem Brühl umschloss. Abgerundet wurde die Stadtverteidigung schließlich von der Festung Cyriaksburg von 1480 auf einer strategisch wichtigen Anhöhe im Südwesten der Stadt. Auch die häufigen Stadtbrände, besonders verheerend 1222, 1291, 1416 und 1472, konnten die Entwicklung kaum bremsen. Die von zwei Mauerringen geschützte Stadt zählte bis zu 20.000 Einwohner. In Thüringen nahm sie damit eine absolute Sonderstellung ein. Selbst die wettinische Hauptresidenz Weimar war zu jener Zeit eine Ackerbürgerstadt von kaum 1.800 Einwohnern.

Viele Zeitgenossen, die sich erstmals Erfurt näherten, dürften beeindruckt gewesen sein. Der Historiker Ulman Weiß charakterisierte die Mittelaltermetropole mit den Augen des jungen Luthers so: „Oberhalb der Stadt, dort, wo von der Schmiraer Höhe die via regia, die alte Königsstraße, steil hinabführte, mag Martin Luther, [1501 zum Studium] von der Eisenacher Lateinschule kommend, seinen Schritt verhalten haben; denn der Anblick, der sich ihm bot, war überwältigend: Hinter turmbewehrten Mauern drängte sich, dicht an dicht, das bunte Dächerwirrwar kleinerer und größerer Häuser. Und zwischen ihnen, so eng beieinander, daß man sich verzählen konnte, erhoben sich die Türme der Pfarrkirchen. Aber selbst sie wurden überragt von den Dreispitzen der beiden Stiftskirchen St. Mariae und St. Severi hoch oben auf dem Domberg inmitten der Stadt. Allein sie übertraf noch, in unmittelbarer Nachbarschaft des Petersberges, das altehrwürdige Benediktinerkloster, Thüringens älteste mönchische Ansiedlung: Erfordia turrita, wie Luther später sagte. Die Vielzahl der Türme musste in der Tat der erste Eindruck sein, wenn man sich der Stadt näherte. Sie war groß, sehr groß sogar; denn mit ihren knapp 20.000 Einwohnern kam sie Augsburg gleich und wurde nur noch von Nürnberg, Straßburg, Köln und Lübeck überflügelt. Mit ihren Schanzen und Wachtürmen, mit ihrem doppelten Mauerring, der erst im 19. Jahrhundert durchbrochen werden sollte, war sie eine der am besten befestigten Städte, so mächtig, daß Luther sie für uneinnehmbar hielt – es sei denn, der Türke belagerte sie.“

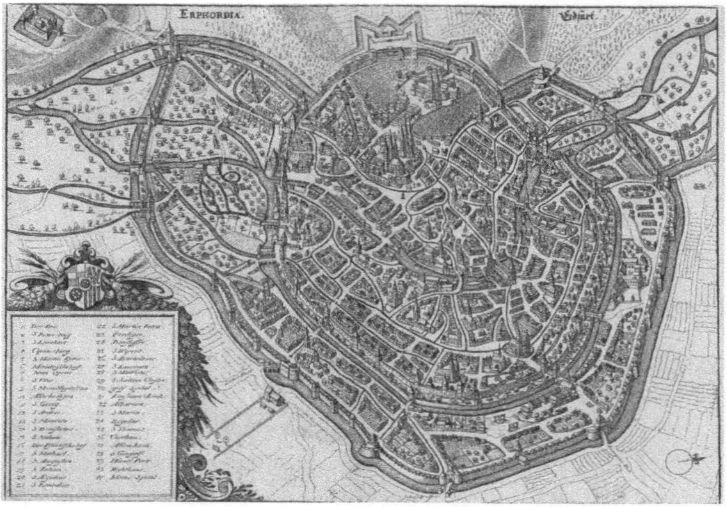

Der Stich von Matthäus Merian aus dem Jahr 1620 zeigt, dass Erfurt im Spätmittelalter eine der Metropolen des Reiches war, umgeben von zwei mächtigen Mauerringen und der Cyriaksburg.

Zugleich entwickelte sich die mächtige Handelsstadt Erfurt zum weit über Thüringen ausstrahlenden Kulturzentrum. Für das kirchliche Zentrum, aber auch für das kulturfördernde Selbstbewusstsein der wohlhabenden Bürgerschaft steht das Ensemble von Dom und Severikirche, das im Spätmittelalter seine heutige Form weitgehend erhalten hat. 1329 wurde der Domhügel Richtung Domplatz durch gewaltige künstliche Aufschüttungen und Steinbögen (Kavaten) erweitert, auf denen 1349 bis 1372 der Hohe Chor entstand. 1330 hatte man das reich verzierte Triangelportal angelegt. 1455 bis 1465 entstand das spätgotische Langhaus. Auch die benachbarte Severikirche wurde gotisch umgebaut. Um 1475 erhielt die Peterskirche als zweite Stadtkrone hohe gotische Turmhelme. Weiterhin galten die Kollegiatstifte auf dem Domhügel und das Benediktinerkloster auf dem Petersberg als angesehenste kirchliche Einrichtungen in Erfurt. Die bis zu 45 Kirchen der Stadt enthielten zahlreiche Kunstwerke von hoher Geltung. Mit der 1497 von Gerhard van Wou gegossenen großen Glocke des Domes, der „Gloriosa", kann Erfurt auf die größte freischwingende mittelalterliche Glocke der Welt verweisen.

Einen maßgeblichen Beitrag sowohl zur städtebaulich-architektonischen als auch zur geistigen Entwicklung der Stadt haben die Bettelorden der Franziskaner, Dominikaner und Augustiner-Eremiten geleistet. Auf großzügigem Gelände, für das mehrere Gassen weichen mussten, konnten sich zuerst die Franziskaner („Barfüßer") ab 1224 am südlichen Ufer der Gera nahe dem Rathaus ansiedeln. Nur wenig später folgten ihnen 1229 in ähnlicher Weise am nördlich gegenüberliegenden Ufer die Dominikaner („Prediger"). Ihre gewaltigen Klosterkirchen ragten unter den Pfarrkirchen der Umgebung deutlich heraus. Die Augustiner konnten im Nordosten der Stadt nach einem ersten gescheiterten Anlauf 1266 mit Billigung des Rates ab 1276 ihr ebenfalls ausgedehntes Kloster errichten. Die sehr auf Bildung und Spiritualität bedachten Bettelorden brachten große Theologen und Gelehrte hervor.

Der Mystiker Meister Eckhart etwa verbrachte 28 Jahre seines Lebens im Erfurter Predigerkloster und ließ es so zu einem Zentrum der Mystik werden. Von 1294 bis 1311 wirkte er hier als Prior und Vikar der Ordensprovinz Thüringen bzw. Saxonia. Im Zentrum der Theologie Meister Eckharts stand der unmittelbare Zugang zu Gott, der über intensive Kontemplation zu erreichen sei. Dies war eine individuelle geistige Übung, mit der Eckhart schließlich an die Grenzen der offiziellen Theologie stieß und als Ketzer angeklagt wurde. Die Dominikaner wollten aber zugleich auf die Stadtbevölkerung religiös einwirken. Deshalb mussten sie als „Predigermönche" deren Sprache sprechen und nicht das unter Klerikern und Gelehrten gebräuchliche Latein. So hielt Meister Eckhart seine ersten deutschen Predigten seit 1294 in Erfurt. Ein wichtiger Verdienst bestand dabei darin, dass abstrakte, aus den Bereichen des Gefühls und Glaubens stammende Begriffe nun auch in der Volkssprache ausgedrückt werden konnten. Eine der herausragenden Neubildungen Eckharts ist beispielsweise das Substantiv „das Sein".

Typisch ist auch die Übertragung konkreter Begriffen aus der Natur in den Bereich der Gedankenwelt. So wurde z. B. aus dem „Fluss“ der „göttliche Einfluss“.

Erfurt erhielt 1379 das erste Gründungsprivileg für eine Universität im heutigen Deutschland, die im 15. Jahrhundert zu den bedeutendsten Hochschulen Mitteleuropas zählte.

Das wichtigste Symbol der spätmittelalterlichen Kulturmetropole ist die Universität. Die Alma mater Erfordensis galt lange Zeit als drittälteste Universität im heutigen Deutschland. Ein erstes päpstliches Privileg von 1379 war 1389 wegen des Großen Schismas mit zwei konkurrierenden Päpsten erneuert worden, woraufhin 1392 der Lehrbetrieb nach Heidelberg (1386) und Köln (1389) aufgenommen wurde. Neuere Forschungen belegen jedoch, dass 1379 als Gründungsdatum gelten kann. So beruft sich auch Wien wie andere alte Universitäten auf sein Gründungsprivileg von 1365, obwohl der Lehrbetrieb erst zwei Jahrzehnte später begann. Man kann das Gründungsprivileg also durchaus als „Geburtsurkunde“ der Hochschule ansehen, womit Erfurt die älteste Universität im heutigen Deutschland besitzt.

Diese etwas holprige Gründungsphase vermag ohnehin nicht über die Erfolgsgeschichte der Universität hinwegtäuschen. Zugleich verweist die Gründung durch die Initiative des Stadtrates – die meisten anderen Universitäten wurden von Fürsten gegründet – erneut auf das Selbstbewusstsein und die Macht der Erfurter Bürgerschaft. Schon seit dem 13. Jahrhundert hatte sich ein universitätsähnliches Generalstudium der Stifterschulen an St. Marien, St. Severi, des Reglerstiftes und des Schottenklosters herausgebildet, mit dem Erfurt in jedem Fall die älteste Hochschultradition in Deutschland aufweist. Dieser Schulverbund besaß einen sehr guten Ruf und lockte Schüler aus allen Landesteilen an. Auch die Überlieferung des sprichwörtlichen Studentenlebens weist bereits auf kommende Universitätszeiten voraus: Es gebe neben Fleißigen viele „Strolche,

Das Collegium maius in der Michaelisstraße war das Hauptgebäude der Erfurter Universität.

Würfelspieler und Lernunwillige", so Nicolaus von Bibra 1279 in seiner Satireschrift „Occultus Erfordensis".

Das florierende Erfurter Hochschulleben geriet jedoch in den 1360er-Jahren in eine Krise. Die 1348 von Kaiser Karl IV. gegründete Universität in Prag nahm ab 1360 ihren Betrieb auf und warb viele Erfurter Hochschullehrer ab. Hinzu kamen die landesherrlichen Neugründungen in Krakau (1364), Wien (1365) und Pecs (1367). Besonders der Umstand, dass man akademische Grade nur an einer Universität ablegen konnte, geriet nun für Erfurt zum Nachteil. Es blieb nur eine Lösung: selbst ein Privileg vom Papst zu erlangen. Der Rat ergriff daher die Initiative. Erst 1378 beantragt, hielten die Stadtväter schon im Folgejahr das Privileg von Papst Clemens VII. in Avignon in den Händen. Statt Clemens konnte sich aber sein römischer Konkurrent Urban VI. in Deutschland durchsetzen. Nach erneuter Beantragung gewährte 1389 nun auch Urban den Erfurtern ihr begehrtes Universitätsprivileg. Am zweiten Sonntag nach Ostern 1392 wurde der Lehrbetrieb aufgenommen. Dass zwischenzeitlich der Pfälzische Kurfürst in Heidelberg und der Stadtrat in Köln ebenfalls Universitäten ins Leben gerufen hatten, tat dem raschen Aufblühen der Hierana, der Universität an der Gera, keinen Abbruch. Sie avancierte in kürzester Zeit zu einer der größten und angesehensten Hochschule in Mitteleuropa. Das 15. Jahrhundert sollte die große Blütezeit der Erfurter Universität werden.

Die Studentenzahlen begannen rasant in die Höhe zu schnellen. Bis 1520 immatrikulierten sich durchschnittlich 138 Studenten pro Semester, weit mehr als etwa in Heidelberg (63) und Köln (121). Die rund 1.000 Studenten prägten bei knapp 20.000 Einwohnern nachhaltig das Stadtbild. Zugleich genoss die Universität hohes fachliches Ansehen. Allen voran die Juristen des „Bologna des Nordens" wurden zu Konzilien geladen und von Fürsten um Rat gebeten. Henning Goede, Universitätsrektor und juristischer Berater der Stadt, feierte man sogar als „König des Rechts". Hätte es schon den Status der Eliteuniversität gegeben – Erfurt wäre er mit Sicherheit verliehen worden.

Obwohl als städtische Gründung vom Rat unterstützt, bildete die Universität eine selbstständige Korporation mit eigener Rechtsprechung. An der Spitze stand der Rektor, die Fakultäten führte ein Dekan. Symbole ihrer Unabhängigkeit waren die vom Rektor verwahrten Kleinodien, etwa die heute im Stadtmuseum aufbewahrten Zepter. Gelehrt wurde an allen vier mittelalterlichen Fakultäten: Philosophie, Medizin, Rechte, Theologie. Das Studium begann in der Philosophischen Fakultät („Artistenfakultät") mit einer Art Grundausbildung in den Sieben Freien Künsten (Septem artes liberales). Nach dem Trivium (Grammatik, Rhetorik, Dialektik) erlangte man den akademischen Grad Bakkalaureus. Auf das Quadrivium (Arithmetik, Geometrie, Astronomie, Musik) folgte nach etwa vier Jahren die Promotion zum Magister. Erst jetzt konnte man das Studium an einer der drei höheren Fakultäten aufnehmen und den Doktorgrad erwerben. Allerdings taten dies nur Wenige. Vielen Studenten reichten schon der Bakkalaureus oder ein paar Semester ohne Abschluss, um als Lehrer oder Schreiber eine geachtete Stellung einzunehmen.

Das Universitätsleben spielte sich überwiegend in Bursen und Kollegien ab. Diese befanden sich meist im Umkreis der Michaeliskirche, die als Universitätskirche diente. Da als Bildungssprache im Mittelalter Latein fungierte, bürgerte sich der Begriff vom „lateinischen Viertel" ein. Sein Zentrum war das Große Kolleg, das Collegium maius. Mit dem prächtigen spätgotischen Kielbogenportal von 1512 symbolisiert es bis heute als Hauptgebäude die Alte Universität. Hier befand sich neben dem Sitz des Rektors auch die Universitätsbibliothek. Andere Kollegien verfügten ebenfalls über Büchersammlungen, etwa die berühmte Bibliotheca Amploniana im nahen Kollegium zur Himmelspforte. Diesem Kolleg hatte sein Gründer Amplonius Rating de Berga, einer der ersten Rektoren der Universität, 1412 seine außergewöhnliche Büchersammlung gestiftet. Diese größte nahezu geschlossen erhaltene Handschriftensammlung eines Gelehrten weltweit gehört nach wie vor zu den Schätzen der Erfurter Universitätsbibliothek.

In den Bursen und Kollegien, Wohnheime und Lehrgebäude zugleich, war der Tagesablauf von der Morgenandacht um 4 Uhr bis zur Bettruhe am frühen Abend streng vorgeschrieben. Die klösterlichen Regeln und das enge Zusammenleben mit den Hochschullehrern unterscheiden sich deutlich vom heutigen Studentenleben. In der Realität sah es freilich oft anders aus. Martin Luther urteilte gar, die Erfurter Studenten hätten ihre wichtigsten Lektionen im „hurhauß und bierhauß" gelernt.

Einen Höhepunkt ihrer geistigen Ausstrahlung erreichte die Universitätsstadt mit dem Humanismus. Er steht als große geistige Erneuerungsbewegung an der Schwelle zur Neuzeit. In Erfurt fasste der Humanismus seit dem späten 15. Jahrhundert unter großen Gelehrten wie Nikolaus Marschalk und Mutianus Rufus Fuß. Von 1514 bis 1526 versammelte sich im Haus Zur Engelsburg der bedeutende Erfurter Humanistenkreis um den „Poetenkönig" Helius Eobanus Hessus. Förderer des Kreises und seit 1515 Besitzer der Engelsburg war der wohlhabende Arzt und Universitätsrektor Georg Sturtz. Hier gingen trinkfeste Geselligkeit und humanistische

Bildung mit ihrem Rückbezug auf die griechisch-römische Antike eine charakteristische Bindung ein.

Dauerhafte Bekanntheit erlangte der Erfurter Humanistenkreis durch die „Dunkelmännerbriefe“, in denen die Kontroverse zwischen Humanisten und konservativen Gelehrten- und Kirchenkreisen kulminierte. Die „Epistolae obscurorum virorum“ (1515/17) stellen eine der treffendsten Satiren gegen die verknöcherte Scholastik und den lasterhaften Klerus des ausgehenden Mittelalters dar. Sie sind während des Streits um den prominenten Humanisten Johannes Reuchlin als fingierte Briefe an dessen Kölner Kontrahenten, den Theologen Ortwin Gratius, entstanden. Zwar lassen sich die anonymen Verfasser nicht sicher belegen, doch gelten Universitätsrektor Crotus Rubeanus aus dem Erfurter Kreis und der ebenfalls mit Hessus befreundete Ulrich von Hutten als Hauptautoren.

In Erfurt existierte bis 1349 eine der größten und bedeutendsten jüdischen Gemeinden des Reiches, woran die Alte Synagoge und viele Kulturschätze erinnern.

In der Handels- und Kulturmetropole siedelte sich auch eine der größten jüdischen Gemeinden des Reiches an. Sie fand hier mit ihrer historisch bedingten Konzentration auf Handel und Geldgeschäft ein reiches Betätigungsfeld. Seit der Antike lebten Juden in Europa als einzige nichtchristliche Minderheit. Dieser durch verschiedene Schutzrechte von Kaiser, Fürsten oder Stadträten gesicherte Sonderstatus war allerdings sehr labil. Immer wieder wurden Juden unter Anschuldigungen wie Ritualmord an christlichen Kindern oder Brunnenvergiftung in grausamen Pogromen ermordet. Eine wichtige Rolle spielte hierbei ihre Funktion als Geldverleiher, was Christen grundsätzlich verboten war. Da den Juden andererseits „ehrbare“ Handwerks- und Hochschulberufe verwehrt blieben, erlangten sie nahezu eine Monopolstellung im Geldgeschäft. Vom Fürsten bis zum Stadtbürger hatten viele Zeitgenossen bei den Juden

Schulden, was die als „Christusmörder" Verfemten nicht gerade beliebter machte.

In Erfurt existierte vermutlich seit dem späten 11. Jahrhundert eine jüdische Gemeinde. Das erste Schriftdokument, das auf sie hinweist, ist der um 1200 entstandene „Erfurter Judeneid". Für Juden besaßen die bei Rechtsfragen verwendeten christlichen Eidesformeln keine Gültigkeit, weshalb für sie solche besonderen Eide in Gebrauch waren. Der Erfurter Eid ist der älteste erhaltene in Deutschland. Die jüdische Gemeinde entwickelte sich zu einem Zentrum im mitteldeutschen Raum. Große Gelehrte waren hier tätig, bedeutende Kulturdokumente wie die Erfurter Hebräischen Handschriften erinnern an jene Blütezeit. Von ihr zeugt auch die Alte Synagoge in der Waagegasse, deren bauliche Reste bis ins späte 11. Jahrhundert zurückreichen. Sie ist damit die älteste bis zum Dach erhaltene Synagoge Mitteleuropas und einer der ganz wenigen noch vorhandenen jüdischen Kultbauten des Mittelalters. Alle für eine Gemeinde nötigen Einrichtungen sind in Erfurt nachvollziehbar: neben der außergewöhnlich großen und schmuckvollen Synagoge besonders eine Mikwe (Ritualbad) nördlich der Krämerbrücke und ein Friedhof neben dem großen Kornspeicher in der Ackerhofgasse. Die Juden lebten in einem klar umgrenzten Wohnquartier von der Michaeliskirche bis zum Rathaus Tür an Tür mit Christen und nicht in einem Ghetto. Eine Reihe von ausgedehnten Großhändlerparzellen verweist auf ihre gehobene berufliche und soziale Stellung.

Gleichwohl waren die Juden auch in Erfurt stets den Anfeindungen ihrer Mitbürger ausgesetzt. Von 1303 an kassierte der Stadtrat von ihnen hohe Summen, um sie vor der Bevölkerung zu schützen. Auch die Judenschutzsteuern des Mainzer Erzbischofs konnte der Rat gegen eine pauschale Gebühr an sich bringen. Dennoch blieb die Stimmung explosiv und entzündete sich im Pogrom vom 21. März 1349, der die gesamte Gemeinde auslöschte. Es war diesmal die große Pestwelle, für die man die Juden verantwortlich machte. Angestiftet von ehemaligen Ratsherren aus den Reihen der

Gefrunten, Zunftmeister und Patriziersöhne fiel der Pöbel über die jüdischen Bewohner rund um die Michaelisstraße her. Sie wurden erschlagen oder zündeten nach verzweifelter Gegenwehr ihre Häuser an. Der Rat war zwar offiziell nicht beteiligt und ließ drei der Rädelsführer hinrichten. Er dürfte aber mit der Übernahme der Grundstücke und deren teilweisen Weiterverkauf an wohlhabende Bürger zufrieden gewesen sein. Auch entstanden wichtige Einrichtungen wie die „Große Waage" von 1354 in der Michaelisstraße, in der alle nach Erfurt kommenden Handelswaren verzollt werden mussten – bisher geschah dies im Rathaus –, oder Rathauserweiterungen auf ehemals jüdischem Grund.

Ab 1354 siedelte der Rat gezielt eine zweite Gemeinde an, die sich eine bescheidenere Synagoge hinter dem Rathaus errichtete. Dieses nicht erhaltene Gebäude befand sich gegenüber der heutigen Kleinen Synagoge. Auch lebten die Juden auf diesem Areal jetzt deutlich beengter überwiegend in kleinen Mietshäusern. Allein schon deshalb blieb ihnen der Fernhandel weitgehend versperrt, woraufhin sie sich auf das Geldgeschäft und den Altkleiderhandel verlegten. Allerdings verlor die zweite Gemeinde im 15. Jahrhundert ihre Bedeutung als steuerliche Einnahmequelle. Der Rat verweigerte den Juden die Erneuerung ihres Schutzprivilegs und einigte sich 1458 mit dem Mainzer Erzbischof auf deren faktische Vertreibung gegen eine Pauschalzahlung. Bis ins späte 18. Jahrhundert sollten keine Juden mehr in Erfurt leben.

Das jüdisch-mittelalterliche Erbe manifestiert sich heute in einem einmaligen Netzwerk aus Synagoge, Mikwe-Ritualbad, Friedhof und wertvollen Kulturschätzen. Seine Wiederentdeckung gleicht einem archäologischen Krimi. Bittere Ironie der Geschichte ist es dabei, dass ausgerechnet der Pogrom von 1349 die Alte Synagoge vor späterer Zerstörung etwa im Dritten Reich bewahrt hat. Über Jahrhunderte zu verschiedensten Zwecken als Lagerhaus und später sogar als Kneipe, Ballsaal und Kegelbahn genutzt, wurde das historische Gebäude als solches erst nach der friedlichen Revolution 1989 wiederentdeckt und saniert. Die seit 2009 als Museum

Der jüdische Hochzeitsring ist das bekannteste Exponat des „Erfurter Schatzes" in der Alten Synagoge

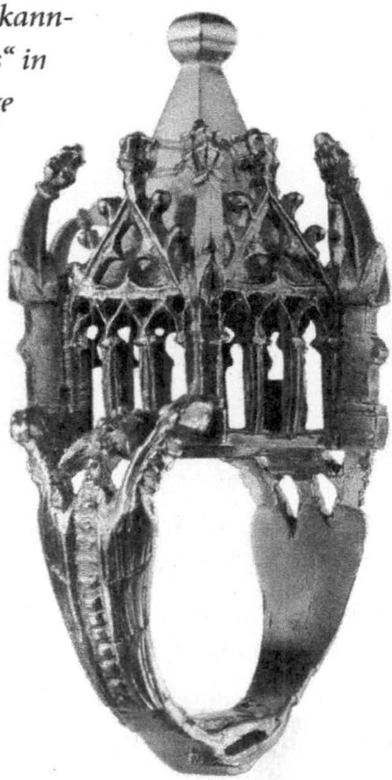

genutzte Alte Synagoge vermittelt ein anschauliches Bild des jüdischen Erfurt. Ihr spektakulärstes Exponat, der „Erfurter Schatz" mit dem wertvollen Hochzeitsring, war vermutlich von einem jüdischen Händler 1349 während des Pogroms in seinem Haus in der Michaelisstraße versteckt worden und erst 1998 bei Bauarbeiten wieder aufgetaucht. Auch die Mikwe, die rituellen Reinigungen diente, kam zufällig bei Bauarbeiten wieder ans Licht und ist seit 2011 als Erinnerungsort zugänglich.

III.

Von der Reformation zum Dreißigjährigen Krieg

Der Übergang vom Mittelalter zur Neuzeit um 1500 wird meist mit den großen geistesgeschichtlichen Erneuerungsbewegungen verknüpft, unter denen neben dem Humanismus die Reformation eine exponierte Stellung einnimmt. Hat man auch den Aufbruchcharakter und die „Lichtgestalt" Martin Luther auf der Zeitalterschwelle in letzter Zeit relativiert, bleibt er doch eine der großen Persönlichkeiten der Weltgeschichte. Und keine andere Stadt außer Wittenberg weist eine vergleichbare Bedeutung für die Biographie Luthers auf wie Erfurt. Es ist die Stadt des Studenten und Magisters, des jungen Mönches und Priesters. Luther selbst umschrieb es so: „Die Erfurter Universität ist meine Mutter, der ich alles verdanke." Der Eintritt ins hiesige Kloster 1505 bildete die entscheidende biographische Zäsur. Damit begann Luthers leidenschaftliche Suche nach einem „gnädigen Gott", die in die reformatorischen Grunderkenntnisse mündete. Zugleich stellt die von großen religiösen und gesellschaftlichen Spannungen erfasste spätmittelalterliche Großstadt einen wesentlichen Erfahrungshorizont für das reformatorische Wirken Luthers dar.

Die imposante Metropole Thüringens machte auch auf den angehenden Studiosus Luther großen Eindruck, als er im Frühjahr 1501 nach Erfurt kam. Allerdings verbarg sich hinter der noch immer beeindruckenden Fassade eine Kommune, die in die Krise geraten war. Die weitgehende Autonomie hatte im späten 15. Jahrhundert erste Risse bekommen. In den Verträgen von Amorbach und Weimar 1483 musste die Landeshoheit des Mainzer Erzbischofs und die Schutzherrschaft des sächsischen Kurfürsten ausdrücklich anerkannt werden, ohne allerdings die faktische Autonomie zu verlieren. Besonders schwer wogen die 200.000 Gulden, die man den Herrschern zu entrichten hatte. Weitere Zahlungsverpflichtungen, hohe Kosten für Söldner und Stadtbefestigungen einschließlich der Cyriaksburg sowie wirtschaftliche Schwierigkeiten führten zu einer ausweglosen Verschuldung der Kommune. Man versuchte dies durch höhere Steuern, Lohnkürzungen und zahlreiche Kredite auszugleichen. 1508 verpfändete man sogar das Reichslehen Kapellendorf für 8.000 Gulden an den sächsischen Kurfürsten. Dies wog besonders schwer, war mit der Wasserburg Kapellendorf doch der faktische Reichsstadt-Status Erfurts verbunden.

Um 1500 erschütterten Rückschläge im Machtkampf mit Mainz und Sachsen, politische Unruhen wie das „Tolle Jahr“ 1509/10 und die Krise der „sakralen Gemeinschaft“ die Stadt.

Als sich der Bankrott nicht mehr verheimlichen ließ, kam die angestaute Wut auf den Rat zur Entladung. Am 9. Juni 1509 stürmten erzürnte Bürger den Ratssaal und forderten Rechenschaft und Mitsprache. Obervierherr Heinrich Kellner, der sich den Eindringlingen auf sich selbst zeigend mit dem Satz „Wer ist die Gemeinde? – Dies ist die Gemeinde!“ entgegengestellt haben soll, musste dies teuer bezahlen. Als Symbolfigur der Ratsherrschaft wurde er verhaftet, mehrfach gefoltert und am 28. Januar 1510 am Galgenberg gehängt. Man vermutet, dass dieses von Luther verfolgte Geschehen sein großes Misstrauen gegenüber dem aufbegehrenden Volk mitbegründet hat. Die Turbulenzen des „Tollen Jahres von Erfurt“ 1509/10 taten der geschwächten Stadt nicht gut. Mainz und Sachsen stachelten die erregten Bürgergruppen gegeneinander auf, um ihren Einfluss zu erweitern. Zudem kam es zu Kämpfen zwischen Bürgern und Studenten, in deren Verlauf das Hauptgebäude der Universität in der Michaelisstraße im August 1510 zerstört wurde. Vorerst aber konnte sich die Kommune nach einigen Jahren der Wirren unter einem neuen Rat wieder politisch und wirtschaftlich konsolidieren.

Diese dramatischen Vorgänge korrespondierten mit einer schon geraume Zeit zu beobachtenden Unruhe und Krisenstimmung im religiösen Bereich. Man hat das spätmittelalterliche Erfurt als eine „sakrale Gemeinschaft" beschrieben, in der sich die religiöse und die politisch-gesellschaftliche Sphäre aufs Engste verbanden. Die „frommen Bürger von Erfurt" (Ulman Weiß) fühlten sich als ein „corpus christianum". Dieser kam etwa symbolisch in der alle sieben Jahre stattfindenden großen Prozession mit den in einem prunkvollen Silbersarg umhergetragenen Stadtheiligen Adolar und Eoban sowie in der jährlichen Prozession zu den Massengräbern der Pestopfer von 1350/51 in Neuseß am Roten Berg zum Ausdruck. Geistliche und Bürger nahmen gemeinsam an diesen Prozessionen teil. Die Erfurter forderten vom Klerus die ernsthafte Sorge um das Seelenheil, was man sich mit zahlreichen Spenden und Stiftungen auch einiges kosten ließ. Nicht zuletzt die beeindruckenden Kirchenbauten wurden mit erheblichen Beiträgen der Bürgerschaft errichtet. Darauf weisen etwa die großen Gewölbeschlusssteine aus der Barfüßerkirche mit Hinweisen auf die Färber- und Schuhmacherzunft hin, die heute im Stadtmuseum zu sehen sind. Genau hier lag aber auch das Konfliktpotenzial, verloren doch viele Zeitgenossen zunehmend das Vertrauen in die verweltlichte Papstkirche und ihre Vertreter vor Ort. Der Rat strebte nach stärkerer Kontrolle der Kirche und unterstützte Klosterreformen; viele Menschen schlossen sich religiösen Bewegungen wie den Beginen und Begarden oder der Geißlerbewegung an, gingen auf Wallfahrten und hofften auf religiöse Wunder. Nicht selten kam es zu Beschimpfungen oder handgreiflichen Ausschreitungen gegenüber Geistlichen. Auch die auf eine harmonische christliche Gemeinschaft zielenden Traditionen wurden schon im Vorfeld der Reformation brüchig, was bei der Adolar-Eoban-Prozession 1514 offen hervortrat.

Hinzu kam, dass man insbesondere die Spitze der kirchlichen Hierarchie mit dem Weihbischof und dem Kollegiatstift St. Marien auf dem Domberg als Vertreter des erzbischöflichen Landesherrn ansah. Zudem pochten die teils mit reichen Pfründen ausgestatten

Martin Luther verbrachte von 1501 bis 1511 prägende Jahre als Student, Magister, Mönch und Priester in Erfurt, wo sein Ringen um die Grundeinsichten der Reformation begann.

Geistlichen auf ihre Privilegien wie Steuerfreiheit und Befreiung von Bürgerpflichten, was gerade in den schwierigen Zeiten nach 1483 auf immer weniger Verständnis traf. Der mit einer eigenen Gerichtsbarkeit versehene Klerus, der bis zu fünf Prozent der Bevölkerung ausmachte, unterteilte sich vor der Reformation in vier Kollegiatstifte (St. Marien, St. Severi, Regler, Sacri fontis), elf Klöster (Augustinereremiten, Augustinerinnen [Neuwerk], Benediktiner, Benediktinerinnen [Cyriak], Schotten, Dominikaner, Franziskaner, Kartäuser, Serviten, Weißfrauen, Zisterzienserinnen), eine Hospitalkirche und 27 Pfarrkirchen. Die großen Klöster der Region in Reinhardsbrunn, Georgenthal, Paulinzella usw. hatten in Erfurt ebenso Niederlassungen wie der Deutsche Orden und die Johanniter. Diese Vielzahl der kirchlichen Einrichtungen trug Erfurt den Beinamen „thüringisches Rom" ein, das im viel zitierten „Kernland der Reformation" umso stärker in den Strudel der Geschehnisse hineingezogen werden musste.

In jene Zeit des Wandels, der politischen, sozialen und religiösen Unruhe fällt das epochale Wirken Martin Luthers. 1501 ließ er sich als „Martinus Ludher ex Mansfeldt" an der Universität Erfurt immatrikulieren. Diese war nach wie vor eine der angesehensten Universitäten des Reiches. Luther schloss das philosophische Grundstudium der Sieben Freien Künste 1505 als Magister ab. Das anschließende Jurastudium, von dem sich der Vater eine lukrative Karriere versprach, brach er jedoch bald ab. Auf dem Heimweg von Mansfeld ereilte ihn am 2. Juli 1505 nahe dem heutigen Vorort Stotternheim ein schweres Unwetter, wobei er geschworen haben soll: „Hilf du, Heilige Anna, ich will ein Mönch werden!" Am 17. Juli 1505 trat Luther gegen den Willen von Eltern und Freunden in das Erfurter Augustinereremiten-Kloster ein, in dem er mit Unterbrechungen bis 1511 lebte. 1507 erfolgte die Priesterweihe im Dom, zugleich nahm Luther das Theologiestudium auf.

Sein Eintritt ins Erfurter Augustinerkloster wird als entscheidender biographischer Wendepunkt angesehen, mit dem das Ringen um die Grundeinsichten der Reformation begann. Wann der theologische Durchbruch gelang, etwa in Form des legendären Wittenberger „Turmerlebnisses", ist bis heute umstritten. Er mündete jedenfalls in die Überzeugung, dass der Mensch nur durch den Glauben an einen „gnädigen Gott" und nicht durch kirchliche Vermittlung (z. B. durch Ablassbriefe) oder gute Taten („Werkgerechtigkeit") Erlösung erlange. „Gerecht" werde er allein durch Jesus Christus (solus Christus), die Heilige Schrift (sola scriptura), die Gnade (sola gratia) und den Glauben (sola fide). Jener Kern der lutherschen Theologie schälte sich in Wittenberg bis 1517 heraus und nahm während der turbulenten Phase der Reformation in den 1520er-Jahren feste Gestalt an.

Am Beginn der Reformation steht der legendäre Anschlag der 95 Thesen Luthers gegen den Ablasshandel an die Schlosskirche zu Wittenberg am 31. Oktober 1517. Zunächst waren die Thesen als zeitüblicher Aufruf zur wissenschaftlichen Diskussion gedacht und mit einem Schreiben an Albrecht von Brandenburg, Erzbischof von Mainz und Magdeburg, versehen. In dessen Landen und mit dessen Auftrag war der berüchtigte Ablasshändler Johann Tetzel sehr zum Unwillen Luthers aktiv. Die Thesen bekamen rasch den Charakter eines Fanals für jene theologische Erneuerungsbewegung, die sofort auch die politische Ebene erfasste. Da Albrecht nicht reagierte, verschickte Luther seine Thesen an Freunde und Bekannte, darunter auch Johannes Lang. Schon am 11. November gingen sie ans Erfurter Augustinerkloster, von wo sie sich wie ein Lauffeuer in der Stadt verbreiteten. Besonders unter den jungen, noch nicht etablierten Gelehrten fanden sich viele Anhänger für die paulinische Botschaft von der Gerechtigkeit „allein durch den Glauben" (Römer 3, 28).

Von nun an lassen sich immer wieder Versuche Luthers erkennen, in Erfurt für die reformatorischen Ideen zu werben. Dabei wandte er sich nicht zuletzt an seine einstigen Lehrer und Kollegen an der Universität. Allerdings blieben die Führungspersönlichkeiten der Spätscholastik wie Jodocus Trutfetter und Bartholomäus Arnoldi von Usingen bei der alten Lehre. Grundsätzlich verhielt sich die Universität reserviert, ohne klar Partei zu ergreifen. So verzichteten die Erfurter Theologen nach der Leipziger Disputation von 1519 auf die Abgabe eines angeforderten Urteils über die Lutherthesen und so wurde die päpstliche Bannandrohungsbulle gegen Luther von 1520 wegen vermeintlicher Formfehler nicht veröffentlicht. Auch wenn Universität und Rat sich nicht klar positionierten, fasste das neue Gedankengut doch rasch in der Stadt Fuß. Sowohl in der wohlhabenden Bürgerschaft als auch in den unteren Schichten von Stadt und Landgebiet fand die Reformation Anhänger. Mit Begeisterung verfolgte man die resolute Haltung Luthers im Ringen mit dem Papst und den Altgläubigen. So warfen Studenten im Oktober 1520 die von Johann Knappe gedruckte Bannandrohungsbulle gegen Luther mit großem Spektakel in die Gera.

Die begeisterte Aufnahme Luthers auf der Durchreise nach Worms im April 1521 gehört zu den Höhepunkten der Reformationsgeschichte in Erfurt.

Die Konfrontation zwischen den reformatorischen Kräften um Luther und den altgläubigen um Kaiser und Papst fand mit dem Reichstag zu Worms 1521 ihren Höhepunkt. Für Luther gestaltete sich der Weg von Wittenberg zu einem wahren Triumphzug. Der Aufenthalt in Erfurt am 6. und 7. April 1521 wirft dabei ein Schlaglicht auf die Begeisterung, mit der seine Gedanken aufgenommen wurden. In seiner Predigt in der überfüllten Augustinerkirche am 7. April greift Luther mit deutlichen Worten den Klerus an, verwirft die altgläubige Werkgerechtigkeit und verweist auf das Evangelium, in dessen Sinne der wirklich Fromme gute Werke tue. Hierzu wolle er in Worms stehen, auch wenn es ihm „zwanzig Hälse“ koste. Sicher hat diese Predigt, hat das unerschütterliche Auftreten der populären Leitfigur Luther der Reformation in Erfurt einen erheblichen Impuls verliehen. Neben der Predigt in seiner einstigen Klosterkirche steht besonders der Empfang Luthers vor den Toren der Stadt am 6. April für dieses zentrale Ereignis der Erfurter Reformationsgeschichte. Auf der Weimarischen Landstraße hatten Bürger, Vertreter des Rates und Universitätsrektor Crotus Rubeanus Luther feierlich empfangen. Durch das Schmidtstedter Tor zog man unter Jubel in die Stadt ein. Am Folgetag veranstaltete die jetzt von Humanisten geführte Universität noch einen feierlichen Empfang. All dies dürfte den Reformator in seiner Haltung bestärkt haben. Elf Tage nach dem Abschied aus Erfurt, am 18. April 1521, lehnte er den Widerruf seiner Lehren vor dem Reichstag und Kaiser Karl V. ab.

Während Luther nach dem Wormser Reichstag als mit der Reichsacht belegter „Ketzer“ von seinem kursächsischen Landesvater Friedrich dem Weisen auf der Wartburg als „Junker Jörg“ versteckt wurde und dort das Neue Testament ins Deutsche übersetzte, entluden sich die Spannungen zwischen Bürgerschaft und altgläubigem Klerus im nahen Erfurt. Es kam vom 10. bis 12. Juni 1521 zum „Pfaffensturm“ mit schweren Ausschreitungen, insbesondere gegen die Stifter St. Marien und St. Severi. Die Häuser von Kanonikern wurden geplündert, darunter auch von Universitätsangehörigen. Dass dies überhaupt nicht im Sinne Luthers und seiner auf die Kraft des Wortes bauenden Reformation war, zeigen einige Briefe und das Sendschreiben „An alle Christen zu Erfurt“ vom Juli 1522: „Denn wenn es auch gut ist, daß jene Frevler [die Kleriker] in ihre Schranken verwiesen werden, so bringt diese Vorgehensweise doch auch Schande über unser Evangelium und verständlichen Widerwillen."

Die große Aufmerksamkeit im ganzen Reich sah auch der Rat mit Blick auf den Kaiser und die katholischen Mächte mit Sorge. Erfurt geriet in den Ruf einer besonders antiklerikalen Stadt, obgleich sich bald auch in vielen anderen Städten Ähnliches ereignete. Nach außen deshalb auf Schadensbegrenzung bedacht, versuchte der Rat gleichwohl in den folgenden Jahren, die Stimmung gegen die Geistlichen zur Beschneidung von deren Privilegien zu nutzen. Allerdings hatte nicht zuletzt der „Pfaffensturm" für einen spürbaren Stimmungswandel gesorgt. Auf die Euphorie folgte ein gewisser Katzenjammer. Mancher Bürger blickte mit Sorge auf die Krawalle, die von der reformatorischen Bewegung ausgingen. Auch aufgeschlossene Gelehrte der Universität sahen in der Reformation nun eine bildungsfeindliche Erscheinung, da sich die Studenten nicht nur bei den Unruhen hervortaten, sondern zugleich das formale Studium vernachlässigten. Zudem gingen die Studentenzahlen dramatisch zurück. Die Wechselhaftigkeit der Stimmung wird auch an der legendenhaften Erzählung deutlich, dass Luther auf dem Rückweg aus seinem Versteck auf der Wartburg nach Wittenberg am 2. März 1522 in der „Hohen Lilie" eingekehrt sei. Nach einem Disput über Luthers Theologie mit einem „Pfaffen" vom nahen Domberg drohte dem inkognito reisenden „Junker Jörg" die Enttarnung, woraufhin er rasch aufbrach.

Aber auch im eigenen Lager herrschten Zwist und theologische Unklarheiten. So etwa über die Frage der Heiligenverehrung. Während einige Erfurter Prediger hier radikale Ansichten äußerten, setzte Luther eher auf allmähliche Fortschritte. „Götzenbilder und Winkelmessen" würden schon bald ohne Gewalt verschwinden, wenn die Menschen die zentrale Bedeutung des Evangeliums für den Glauben erkannt hätten. Tatsächlich kam beispielsweise die Tradition der großen Prozession zu Ehren der Stadtheiligen Adolar und Eoban zum Erliegen. 1521 fand sie letztmals statt – schon mit großen

Bedenken hinsichtlich möglicher Ausschreitungen und unter geringer Beteiligung der bürgerlichen Honoratioren. Der prächtige Silbersarg wurde 1525 wie viele andere geistliche Kleinodien vom Rat eingeschmolzen. Luther äußerte sich in dem erwähnten Sendschreiben vom Juli 1522, dem ersten Schreiben dieser Art an eine Stadt, ganz im Sinne eines allmählichen Auslaufens der Heiligenverehrung. Die „Epistel oder Unterricht von den Heiligen an die Kirche zu Erfurt" ist ein Aufruf gegen unnötige hitzige Debatten und Unruhen.

Auf Bitte seines wichtigsten Erfurter Mitstreiters Johannes Lang kam Luther nach Erfurt und hielt am 21. und 22. Oktober 1522 zwei viel beachtete Predigten, in denen er erneut die Grundgedanken der Reformation auf den Punkt brachte. In der Michaeliskirche forderte Luther die Bewahrung des Evangeliums, verbunden mit massiver Polemik vor allem gegen seine altgläubigen Widersacher an der Universität. Dies besaß allein schon deshalb besondere Brisanz, da er dies doch in der von der Universität bzw. der Philosophischen Fakultät bevorzugten Kirche direkt vis-à-vis dem Collegium maius äußerte. Mit seiner zweiten Predigt in der Kaufmannskirche versuchte er seine Anhänger auf den Gedanken einzuschwören, dass Glaubensgewissheit allein aus der Heiligen Schrift und den Worten Jesu zu erlangen, die altgläubige Lehre und Praxis dagegen des Teufels sei.

Bei allen Schwankungen in der öffentlichen Meinung schien das Evangelium jetzt auf dem Siegeszug. So vertrat der bedeutende Erfurter Humanistenkreis in der Engelsburg mit großem Nachdruck die „causa Lutheri", die Sache Luthers. Kurzzeitig gelangten Humanisten an der Universität in führende Positionen. So hatte am 6. März 1521 der Humanist Crotus Rubeanus, Studienfreund Luthers und Mitautor der Dunkelmännerbriefe, als Rektor der Universität Luther bei seinem Triumphzug nach Worms vor den Toren der Stadt empfangen können. „Poetenkönig" Eobanus Hessus, durch den die große Wirkung der Augustinerkirchen-Predigt von 1521 überliefert ist, feierte seinen Freund Luther hymnisch als „Erneuerer der christlichen Freiheit", hinter den sogar der große Humanist Erasmus von Rotterdam zurücktrat: „Luther hat als der erste unsrer Zeit das Unkraut auf Christi Acker nicht bloß gesehen, sondern zugleich auch gewagt, mit kräftiger Hacke, mit tüchtiger Hand alles Schädliche zu jäten. Freilich, vor ihm sah es und zeigte es der Welt Erasmus, den an Gelehrsamkeit heute keiner übertrifft. Aber: um so viel wie Zeigen weniger ist als Tun, um so viel hat Luther das größere Verdienst." Mit dieser wichtigen Rolle der Humanisten steht Erfurt einzigartig in der Geschichte der deutschen Reformation da.

Mit den evangelischen Predigern um Johannes Lang, einem einstigen Mitbruder aus dem Augustinerkloster, besaß Luther treue Kampfgefährten. Als Distriktsvikar des Augustinereremiten-Ordens hatte Luther seinen Freund Lang 1516 als letzten Prior im Augustinerkloster eingeführt. Rasch wurde Lang im dynamischen Geschehen ab 1517 zum wichtigsten Mitstreiter Luthers, den man später als „Reformator Erfurts" feiern sollte. Lang blieb einer der engsten Vertrauten Luthers, begleitete ihn zur Heidelberger Disputation 1518 und zur Leipziger Disputation 1519 mit Johannes Eck. Im März 1522 trat er wie viele Mönche und Nonnen in dieser Zeit aus dem Augustinerkloster aus. Die Klöster leerten sich seit 1521 rapide, was mit zu den typischen Kennzeichen der Reformation gehört. 1523 wurde nicht nur erstmals eine deutsche Messe gefeiert und das Abendmahl in beiderlei Gestalt erteilt, sondern heiratete mit Aegidius Mechler der erste Pfarrer (Bartholomäuskirche) der Stadt. Von nun an wurde das evangelische Pfarrhaus auch in Erfurt zur tragenden Säule der neuen Konfession.

Andererseits befanden sich die evangelischen Prediger, die ab 1521 an immer mehr Gemeindekirchen tätig wurden, in einer schwierigen Situation, weil der Rat sie lediglich stillschweigend duldete. Männer wie Johannes Lang hatten in der von beiden Seiten hochgradig aufgeladenen Konfliktsituation immer wieder heftige persönliche Attacken und Intrigen auszuhalten. Auch der Ton auf den Kanzeln wurde immer schärfer. In einem regelrechten „Predigtkrieg" standen sich von 1522 bis 1525 der altgläubige

Bartholomäus Arnoldi im Dom und die evangelischen Prediger Lang, Mechler und Johann Culsamer gegenüber. Der Rat sah sich auch gegen evangelische Prediger zum Eingreifen genötigt, wenn der öffentliche Frieden gefährdet schien. Nicht zuletzt wegen dieser unsicheren Lage versuchten die Wittenberger Reformatoren um Luther immer wieder, ihre Getreuen in Erfurt zum Durchhalten zu bewegen. Mit der von Johannes Lang erarbeiteten neuen Pfarreiordnung von 1525 sollte sich ihre Position insofern verbessern, als dass nun den Predigern der wenigen, deutlich vergrößerten Gemeinden (Andreas, Kaufmänner, Michaelis, Regler, Thomas; später noch: Augustiner, Barfüßer, Prediger) mehr Gewicht zukam.

Johannes Gutenbergs Erfindung des Buchdruckes um 1450 hat die Verbreitung von Wissenschaft und Bildung revolutioniert und damit die Reformation nachhaltig befördert. Erfurt spielte hierbei als einer der ältesten und bedeutendsten Druckereistandorte in Deutschland eine wichtige Rolle. Die meisten Werkstätten befanden sich im „lateinischen Viertel" der Universität. Im Haus „Zum schwarzen Horn" in der Michaelisstraße schrieben Wolfgang Schenk und Mathes Maler Druckereigeschichte. Dort erschienen die Werke großer Gelehrter wie Nikolaus Marschalk, Jodocus Trutfetter und Bartholomäus Arnoldi. 1518 und 1522 ließ der legendäre Rechenmeister Adam Ries, der in Erfurt eine wissenschaftlich sehr fruchtbare Zeit verbrachte, seine ersten beiden Rechenbücher hier drucken. 1524 druckte Maler mit dem „Erfurter Enchiridion" eines der ersten lutherischen Gesangbücher. Von Erfurt gingen zudem zahlreiche der wirkmächtigen Flugschriften und Bücher Martin Luthers aus. Auch hierin spiegelt sich eine typische Facette des Reformationsgeschehens.

Aber die Reformation schritt nicht nur im intellektuellen Diskurs sowie im modernen medialen Wettstreit der deftigen Flugschriften und Predigten voran. Nach dem ersten „Pfaffensturm" 1521 entlud sich die Wut der Bevölkerung noch mehrfach gegen den altgläubigen Klerus und die Anhänger des Mainzer Erzbischofs. Die reformatorische Stimmung hatte sich besonders ab 1522 auch massiv auf das Erfurter Landgebiet ausgebreitet, wo Bauern oft wegen der schlechten seelsorgerischen Zustände begannen, den Zehnt zu verweigern und Boten des geistlichen Gerichts kurzerhand zu verprügeln. Teils auf eigene Faust stellten Landgemeinden lutherische Prediger an, was der Rat später tolerierte.

Im Mai 1525 erklärte Erfurt während des Bauernkrieges seine Unabhängigkeit von Mainz und setzte die Reformation durch. Allerdings blieb dies nur eine kurze Episode.

Doch der Höhepunkt der Gewaltausbrüche war noch längst nicht erreicht. Während des Bauernkrieges zogen am 29. März 1525 Tausende Bauern des Erfurter Umlandes in die Stadt ein, wo man nach langen Verhandlungen das Augusttor in der heutigen Bahnhofstraße geöffnet hatte. Mehrere Tage richtete sich, geschickt vom Stadtrat gesteuert, ihre Zerstörungswut gegen Einrichtungen der Kirche und des Erzbischofs. Die Häuser der Geistlichen wurden geplündert, die Kleriker selbst verließen die Stadt. Symbole des Landesherrn wurden zerstört und der Mainzer Hof hinter dem Dom wurde geplündert. Nunmehr von evangelischen Mitgliedern um Adolar Huttener geführt, versuchte der Rat die Reformation endgültig durchzusetzen und die Mainzer Herrschaft abzuschütteln. Man verfasste 28 Artikel, auf deren Grundlage die politische Verfassung neu geregelt wurde. Die Gemeinden sollten ihre Pfarrer, die nur noch „das lauter wort gottes" im lutherschen Sinne zu verkünden hatten, künftig selbst wählen können. Darüber hinaus band man die Entscheidungen des Rates an die Zustimmung von „Gemeinde" und „Landschaft", d. h. der Bürger und Bauern. Mit der Entpflichtung aus dem Treueeid gegenüber dem Mainzer Erzbischof und der Verpflichtung auf Bürger- und Bauernschaft am 5. Mai 1525 hatte sich ein beachtlicher Wandel des Rates zum städtischen Repräsentativorgan vollzogen.

Die Verfasser der 28 Artikel strebten nun eine Bestätigung durch die Reformatoren an, luden Luther und Philipp Melanchthon zu einer öffentlichen Veranstaltung nach Erfurt – freilich

vergebens. Luthers Reaktion wirft vielmehr ein bezeichnendes Licht auf dessen Haltung gegenüber dem Bauernkrieg 1524/25 und dessen parallele Aktionen in den Städten. Erst vier Monate nach der Bitte der Erfurter antwortete er im September 1525 in einem Gutachten, die Artikel seien „wider Gott und Vernunft“ und nur dazu angetan, den Rat zum Knecht der Gemeinde zu machen und damit das „unterst zu oberst“ zu kehren. Ebenso wie in den „mörderischen und räuberischen Rotten der Bauern“ sah Luther in den aufsässigen Erfurtern eine Gefahr für sein Verständnis von Reformation und weltlicher Herrschaftsordnung. Hatte er schon die ersten Unruhen wie den „Pfaffensturm“ 1521 missbilligt, kehrte sich der Reformator auf dem Höhepunkt des Geschehens von Erfurt ab, weil dessen Bürger und Bauern ihre Obrigkeit an die Zügel legen wollten.

Im Herbst 1525 war freilich nicht nur wegen Luthers ernüchternder Antwort auf die 28 Artikel unverkennbar ein Umkehrpunkt im Reformationsgeschehen erreicht. Mit dem niedergeschlagenen Bauernkrieg war ein Wandel auch in den politischen Machtverhältnissen verbunden. Die Entscheidungsschlacht am 15. Mai 1525 bei Frankenhausen hatte nur zehn Tage nach der symbolisch vollzogenen Unabhängigkeit Erfurts unweit der thüringischen Metropole stattgefunden. Die vereinigten Heere der Fürsten hatten eine blutige Demonstration geliefert, wie man mit Aufständen gegen die Obrigkeit umzugehen gedachte. Mühlhausen verlor wegen seiner aktiven Rolle im Bauernkrieg zumindest vorübergehend seinen Reichsstadtstatus. Auch die Unabhängigkeit des evangelischen Erfurts war deshalb nur von kurzer Dauer. Schon im Juni 1525 kam der alte Rat wieder ins Amt und bestrafte die Rädelsführer des Bauernaufstandes. Er schlug jetzt in Religionsfragen versöhnliche Töne an und suchte 1526 den Ausgleich mit dem Mainzer Erzbischof. Erfurt musste die vertriebenen Geistlichen zurückholen, mit denen auch die katholische Konfession wieder dauerhaft in den Mauern der Stadt einkehrte.

Der Stadtrat, dem weiterhin einflussreiche katholische Mitglieder angehörten, verfolgte fortan eine realpolitische Linie. Sie zielte auf den

Erhalt der Eintracht in der Bürgerschaft und der außenpolitischen Autonomie. Die einseitige Durchsetzung einer Konfession musste beides gefährden. Zudem bekam die alte Taktik des Lavierens zwischen dem weiterhin katholischen Mainz und dem nunmehr evangelischen Sachsen eine neue Komponente. Der kurzzeitige Sieg der Reformation und die Verdrängung des Mainzer Landesherrn hatten die Gefahr aufgezeigt, nun vom sächsischen Schutzherrn vereinnahmt zu werden. Schon seit Langem hatten die Wettiner begehrliche Blicke auf die reiche und mächtige Stadt inmitten ihrer thüringischen Ländereien geworfen. Vor diesem Hintergrund fruchtete es auch nichts, dass Luther selbst auf eine konfessionelle Entscheidung drängte. Etwa in Form einer Disputation wie in Nürnberg sollte ein für allemal geklärt werden, wer das Sagen hat, „die Evangelischen odder die Bepstischen". Der Rat ließ sich auf derartige Ansinnen nun nicht mehr ein.

Andererseits diente die tolerierte evangelische Bewegung weiterhin auch als politisches Druckmittel gegenüber dem Klerus und dem Mainzer Erzbischof. Gerne nutzte der Rat das Bekenntnis der lutherischen Prediger zur Obrigkeit, etwa schon in Johannes Langs Schrift „Von Gehorsam der weltlichen Obrigkeit" (1523), um seine Machtposition im Inneren auszubauen. Luthers letzte Erfurter Predigt in der Barfüßerkirche am 11. Oktober 1529 fällt damit in eine Zeit, in der sich die Reformation in Erfurt zwar Geltung verschafft hatte, ohne sich aber zur vorherrschenden oder gar alleinigen Konfession aufschwingen zu können. Besonders handgreiflich wurde dies etwa auf dem symbolträchtigen Domhügel. In St. Marien folgte Johannes Lang mehrfach im Sonntagsgottesdienst unmittelbar auf die Messe des redegewandten Franziskaners Konrad Kling, jetzt eine populäre Leitfigur der Altgläubigen. Nicht zuletzt deshalb dürfte Luther in der Kirche der Franziskaner noch einmal die Grundanliegen seiner Theologie unter Angriffen auf die altgläubigen Lehren und Praktiken angesprochen sowie seine Anhänger zur Standhaftigkeit ermuntert haben.

Während der Rat die Ausbreitung des lutherischen Glaubens zumindest wohlwollend tolerierte und für sich als Obrigkeit nutzbar machte, wurden radikale protestantische Ideen, etwa im Sinne des

Theologen und Bauernkriegsführers Thomas Müntzer, dagegen konsequent bekämpft. Müntzer hatte möglicherweise 1522 kurzzeitig im Erfurter Peterskloster als Lehrer gewirkt. Seine theologisch fundierten, sozialrevolutionären Ideen waren in der Stadt und ihrem Landgebiet auf fruchtbaren Boden gefallen. Mancher „gemeine Mann" mag in dem charismatischen Prediger, der sich vom Anhänger Luthers zu dessen scharfem Kritiker wandelte, den Bereiter einer wahren göttlichen Ordnung gesehen haben. Aber auch der Theologe fand in Erfurt lange Zeit Anerkennung. Er pflegte eine streitbare Beziehung zum Erfurter Reformator Johannes Lang. Seine Reformschriften zur Neugestaltung des Gottesdienstes („Deutsches Kirchenamt" 1523, „Deutschevangelische Messe" 1524) wurden bis 1550 in achtfacher Auflage in Erfurt gedruckt.

Im Bauernkrieg gab es allerdings keine Kompromisse. Der Erfurter Rat ignorierte auf dem Kulminationspunkt das von Müntzer verfasste letzte Hilfeersuchen vor der vernichtenden Schlacht bei Frankenhausen. Mit dieser Schlacht und der Hinrichtung Müntzers am 27. Mai 1525 vor den Toren Mühlhausens war den sozialen Weiterungen der Reformation die Spitze genommen. Ende 1527 bereiteten untergetauchte Mitkämpfer Müntzers um Hans Römer noch einmal einen Aufstand für den Neujahrstag 1528 im Erfurter Landgebiet vor. Die Stadt sollte besetzt, die Obrigkeit mit Feuer und Schwert vertilgt und ein „christlicher Bund" errichtet werden. Den Aufständischen gehörten neben Müntzer-Anhängern und Wiedertäufern auch Protestanten an, darunter der Pfarrer von Nottleben. Obwohl der Rat die Rebellion rechtzeitig erkannte und niederschlug, wobei zwölf Anführer hingerichtet wurden, schadete dies wiederum dem Ansehen der Lutheraner im Rat. Adolar Huttener verlor nun endgültig seinen Einfluss, während der Katholik Christoph von Milwitz 1530 an seiner Stelle Oberratsmeister wurde.

Mit dem Hammelburger Vertrag 1530 wurde das Nebeneinander von evangelischer und katholischer Konfession als Ergebnis der Reformation in Erfurt festgeschrieben.

Schließlich kam es 1530 im Hammelburger Vertrag zu einer Einigung Erfurts mit Erzbischof Albrecht von Mainz. Dieser wurde als Landesherr anerkannt, moderate Entschädigungen wurden vereinbart sowie beide Konfessionen als gleichberechtigt toleriert. Lange vor dem Augsburger Religionsfrieden von 1555 war damit erstmals in einer vertraglichen Abmachung das Nebeneinander von Katholiken und Protestanten festgeschrieben worden. Ausdrücklich wurde die Wiedereinführung des alten Gottesdienstes in St. Marien und St. Severi sowie in der Peterskirche vereinbart, ansonsten sollte es beim Status quo bleiben. Praktisch behielten die Altgläubigen damit trotz ihrer Minderheitensituation immerhin acht Kirchen: Dom, Severi, Allerheiligen, Lorenz, Martini, Neuwerk, Nikolai und Wigberti. Die großen Stifter St. Marien und St. Severi, das Peterskloster, Schottenkloster, Kartäuserkloster und die Frauenklöster (Cyriak, Neuwerk und Weißfrauen) blieben dauerhaft erhalten. Ihnen standen die evangelischen Gemeinden gegenüber, wobei die Predigerkirche einen gewissen Vorrang erlangte. Mit dem Hammelburger Vertrag fand die „heiße Phase" der Reformation ihr Ende und wurden die Strukturen festgelegt, innerhalb derer sich das konfessionelle Leben bis zur nächsten großen Zeitenwende um 1800 abspielen sollte.

Die Reformation in Erfurt gilt in vielerlei Hinsicht als beispielhafter Fall. Viele Phänomene finden sich auch in anderen Reichsstädten bzw. autonomen Städten. Eine echte Besonderheit ist aber das dauerhafte Nebeneinander von evangelischer und katholischer Konfession. Diese Koexistenz ist keineswegs nur als Misserfolg der evangelisch gesinnten Teile der Bürgerschaft zu verstehen, wenngleich dies wohl von vielen Akteuren so empfunden worden sein mag. Das „Tragen auf beiden Schultern", wie es zeitgenössisch hieß, galt verantwortungsbewussten Stadträten, alt- wie neugläubigen, als wichtige Voraussetzung für inneren Frieden und außenpolitische Stabilität. Die Stadt hatte sich gegenüber dem katholischen Landesherrn Mainz ebenso zu behaupten wie gegenüber dem evangelischen Schutzherrn Sachsen; das Verhältnis zum Kaiser und den katholischen Reichsständen war ebenso wichtig wie das zu den evangelischen Fürsten. So trat Erfurt auch keinem der großen konfessionellen Bündnisse bei. Konfessionelle Ruhe war oberste Bürgerpflicht, Einigkeit und Unabhängigkeit der Bürgerschaft waren höchste Werte.

Frei von Spannungen war das Verhältnis deshalb keineswegs. Die beiden Bekenntnisse standen sich trotz des „Religionsfriedens" von 1555 noch lange feindselig gegenüber. Blieb also die Bikonfessionalität – eine jüdische Gemeinde hat es von 1458 bis ins 19. Jahrhundert in Erfurt nicht gegeben – ein typisches Charakteristikum, so hat doch der Protestantismus ein deutliches Übergewicht gewonnen. Trotz einer gewissen Zurückhaltung zeigte der Rat sein Wohlwollen. Die Pfarrer um einen Senior aus ihren Reihen konnten sich zum Evangelischen Ministerium zusammenschließen und gewannen weiter an Ansehen und Einfluss. 1561 wurde ein evangelisches Ratsgymnasium gegründet. Ab 1559 schritt der Rat kollektiv zum Gottesdienst in der Predigerkirche. Die meisten Klöster ließ man „aussterben" und führte sie anderen Zwecken zu (Regler 1580, Dominikaner 1588, Franziskaner 1594). So brachte man das Ratsgymnasium und das Evangelische Ministerium im 1559 aufgehobenen Augustinerkloster unter. In der Universität fassten die Evangelischen Fuß, ohne allerdings die Katholiken insbesondere aus der Theologischen Fakultät verdrängen zu können. Immer mehr Kollegien und Bursen wurden evangelisch. 1563 amtierte mit Pancratius Helbich der erste evangelische Rektor. Mit der 1566 als bürgerliche Stiftung errichteten theologischen Professur Augsburger Konfession am Collegium maius war Erfurt die einzige Universität, an der sowohl katholische als auch evangelische Theologie gelehrt wurde. Der Anteil der Protestanten in der Bevölkerung hielt sich selbst nach der kurmainzischen „Reduktion" 1664 stets über drei viertel der Bevölkerung und belief sich seit dem 19. Jahrhundert auf gut 80 Prozent.

Nach der Reformationszeit erlebte das autonome Erfurt bis ins frühe 17. Jahrhundert eine Spätblüte, die sich etwa in zahlreichen prächtigen Bürgerhäusern widerspiegelt.

Die alte Metropole Thüringens konnte sich nach den Wirren der Reformationszeit wieder stabilisieren. Trotz der erneuten formalen Anerkennung der Mainzer Landesherrschaft 1530 änderte sich an der faktischen Unabhängigkeit nichts. Stolz ließ der Rat 1591 „zum Beweißtum ihrer Freyheit, so die Stadt von alten Zeiten her gehabt“, den „Römer“ auf dem Fischmarkt aufstellen. Diese symbolisch zur Schau gestellte Unabhängigkeit musste jedoch ständig gegen die erstarkenden Territorialmächte verteidigt werden. Die bewährte Taktik des Lavierens zwischen Mainz und Sachsen, deren Ansprüche auf Erfurt naturgemäß miteinander konkurrierten, ging weiterhin in den meisten Fällen auf. Wenn sich allerdings Landes- und Schutzherr ähnlich wie 1483 einig waren, drohte akute Gefahr. So konnte Herzog Friedrich Wilhelm 1592 die strategisch wichtigen Ämter Tonndorf und Mühlberg des Erfurter Landgebietes besetzen. Der Erzbischof hatte zuvor die von ihm an die Stadt verliehenen Ämter für 40 Jahre an den Herzog übertragen. Von solchen einzelnen Rückschlägen abgesehen, gelang es aber, die weitergehenden Ambitionen bis hin zur völligen Unterwerfung sowohl durch Mainz als auch durch Sachsen zu vereiteln.

Die Politik der konfessionellen und damit auch politischen Neutralität wurde ebenfalls harten Prüfungen unterzogen. Besonders während des Schmalkaldischen Krieges 1546/47 hatte sich Erfurt der handfesten Werbungen der evangelischen und katholischen Bündnisse zu erwehren. Zugleich musste sich der in der Stadt und im Rat erstarkende Protestantismus bis zum Augsburger Religionsfrieden 1555 diplomatisch den von Kaiser Karl V. betriebenen Eindämmungsversuchen widersetzen. In der zweiten Hälfte des 16. Jahrhunderts galt es darüber hinaus, die vom Erzbischof, dem Klerus, katholischen Universitätsangehörigen und insbesondere vom 1534 gegründeten Jesuitenorden betriebene Gegenreformation zu bekämpfen. Bei allem Gegenwind geriet die Stellung des Rates als der „ordentlichen und Christlichen obrigkeit“, die das Evangelische Ministerium 1580 mit einer neuen Ordnung noch fester an sich band, nicht in Gefahr. Mit Männern wie dem 1572 ins Amt gelangten Senior Johann Aurifaber und dem Professor für evangelische Theologie Johann Gallus fand zudem die Politik eines moderaten Nebeneinanders eine erfolgreiche Fortsetzung, wenngleich die Spannungen in der Bevölkerung keineswegs gänzlich abgebaut werden konnten.

Auch die prekäre Finanzlage, die ebenfalls zum „Tollen Jahr“ 1509/10 geführt hatte, bekam man rasch wieder in den Griff. Erfurt stieg sogar erneut zum gefragten Gläubiger auf. Wichtig hierfür war die Erholung des Wirtschaftslebens. Der profilprägende Waidhandel, seit der Entdeckung des Seeweges nach Indien und des amerikanischen Kontinents gefährlicher Konkurrenz durch das billigere Indigo ausgesetzt, erlebte im 16. und frühen 17. Jahrhundert sogar eine ausgesprochene Spätblüte. Eine Reihe stattlicher Bürgerhäuser im Renaissancestil, überwiegend von Waidhändlern erbaut, dokumentiert dies: Zum Goldenen Sternberg 1535, Zur Hohen Lilie 1538, Zum Güldenen Krönbacken 1561, Zum Roten Ochsen 1562, Zum Breiten Herd 1584. In einem der prächtigsten Waidjunkerhäuser, dem 1607 von Paul Ziegler errichteten Haus zum Stockfisch, befindet sich heute das Stadtmuseum Erfurt. Fast schon einem Schloss glich das Palais des reichsten Waidhändlers Hiob von Stotternheim von 1612 am Angereck, das 1660 bei einem Stadtbrand zerstört wurde.

Der Dreißigjährige Krieg (1618–1648) beendete die wirtschaftliche Spätblüte, nährte aber unter den Schweden noch einmal Hoffnungen auf den Reichsstadtstatus und die Durchsetzung der Reformation.

Die Spätblüte der Handels- und Kulturmetropole welkte mit dem Dreißigjährigen Krieg (1618–1648) rasch dahin. Erfurt bekam die Folgen dieses verheerenden Krieges zu spüren, vor allem der Fernhandel kam fast völlig zum Erliegen. Zugleich fiel dies mit dem Niedergang des Waidhandels zusammen, der nun seine Rolle als „blaues Gold“ für die Stadt verlor. Als frühes „Globalisierungsopfer“

unterlag er endgültig billigeren Farbstoffen wie dem überseeischen Indigo. Damit verstärkte der Krieg allgemeine negative Entwicklungen für Erfurt, wie die Verlagerung der europäischen bzw. weltweiten Handelswege und das Aufblühen des kursächsischen Leipzig als neues mitteldeutsches Handels- und Messezentrum. Am Kriegsende war der Wohlstand der Bevölkerung drastisch gesunken, die Einwohnerzahl von 19.000 auf 13.500 gefallen.

Der zwischen der protestantischen Union und der katholischen Liga entbrannte Konflikt um die Königskrone von Böhmen, ausgelöst vom Prager Fenstersturz 1618, berührte Erfurt zunächst nur am Rande. Mit seiner strikten konfessionell-politischen Neutralität hoffte es, aus den Kämpfen herausgehalten zu werden. Plünderungen der Stadt konnten um den Preis hoher Kontributionen verhindert werden. Ab 1622 hatte die Bevölkerung des Landgebietes jedoch häufig unter Übergriffen durchziehender Soldaten zu leiden. 1629 drohte nach dem Sieg der katholischen Partei um Kaiser Ferdinand II. gegen die Dänen in Norddeutschland sogar eine erhebliche Schwächung der evangelischen Mächte im Reich. Dies rief 1630 die Schweden auf den Kriegsschauplatz, die mit einer kurzen Unterbrechung die Herren der Stadt (1631–1635 und 1637–1650) bleiben sollten. Der schwedische König Gustav II. Adolf galt auch in Erfurt als der große „Retter des Protestantismus". 1631 zog das schwedische Heer in Nordostdeutschland von Sieg zu Sieg. Am 2. Oktober 1631 traf Gustav Adolf mit seiner Armee am Andreastor ein. Die Straßen zum Domplatz waren eng gesäumt mit jubelnden Menschen. Feierlich erklang die Gloriosa samt allen Glocken der Stadt. Die Herzen der Erfurter flogen der „kräftigen Gestalt im blühenden Mannesalter entgegen", wie es in einer Chronik heißt. Vor der „Hohen Lilie", dem ersten Gasthof der Stadt, machte er halt. Dort empfing der Rat mit Oberratsmeister Hieronymus Brückner an der Spitze den König.

Der Jubel der Erfurter hatte auch ganz handfeste Gründe. Die Machtübernahme des populären Schwedenkönigs gab den Hoffnungen neue Nahrung, die Landesherrschaft des Kurfürstentums

Mainz endgültig abzustreifen und die Reformation durchzusetzen. Gustav Adolf übernahm alle Rechte und Besitztümer des Kurfürsten und der katholischen Kirche, die er wenig später der Stadt unter dem Vorbehalt der schwedischen Oberhoheit schenkte. Bei einem künftigen Friedensschluss sollte Erfurt laut Zusicherung des Königs ausdrücklich erwähnt werden, was den Status einer Reichsstadt bedeutet hätte. Sofort machte sich der Rat daran, seine neue Stellung zu sichern, indem er den Mainzer Hof, die kurmainzische Gerichtsbarkeit und den Marktzoll in seine Gewalt brachte sowie das kurmainzische Küchendorf Daberstedt niederreißen ließ. Die Stifte und Klöster sollten endgültig aufgehoben werden, die hohe katholische Geistlichkeit war bereits aus der Stadt geflohen.

Auch eine vom Rat initiierte Neugestaltung der Universität im Sinne des Protestantismus wurde rasch umgesetzt. Ein Hauptproblem für die Universität Erfurt hatte nach dem Ende der Reformation darin gelegen, dass alle Versuche einer Konfessionalisierung gescheitert waren. Auf der einen Seite bekannte sich eine Mehrheit der Lehrer und Studenten zur Lehre Luthers, wichtige Positionen einschließlich der Theologischen Fakultät blieben aber in katholischer Hand. Das minderte die Anziehungskraft in einem evangelischen Umfeld, in dem mit Marburg (1526) und Jena (1558) neue Landesuniversitäten entstanden waren. Mit Unterstützung der Schweden sollte wieder eine konkurrenzfähige Universität aufgebaut werden. Hierzu gehörte die Berufung angesehener Professoren wie Johann Matthäus Meyfarth an die nunmehr evangelische Theologische Fakultät. Das Erbe Luthers schien sich an dessen einstiger Wirkungsstätte endlich vollkommen durchzusetzen.

Der schwedische König weilte noch ein zweites Mal in Erfurt. Er war am 6. Oktober 1631 nach Süden gezogen, um in einem furiosen Siegeszug in Jahresfrist ganz Süddeutschland in seine Gewalt zu bringen. Am 7. November 1632 hielt Gustav Adolf vom Thüringer Wald kommend durch das Krämpfertor Einzug. Wieder nahm er in der „Hohen Lilie“ Quartier, wo sich seine Gemahlin bereits eingefunden hatte. Nach Beratungen mit seinen Verbündeten strebte er nun eine

Entscheidungsschlacht gegen die katholischen Truppen unter Wallenstein bei Leipzig an. Am 9. November brach er in aller Frühe auf und verabschiedete sich von seiner Gemahlin. „Der bange, gepresste Abschied", so Friedrich Schiller in seiner Geschichte des Dreißigjährigen Krieges, „deutete auf eine ewige Trennung". Am 16. November kam es bei Lützen zur Entscheidungsschlacht. Zwar siegten die Schweden, aber der König fiel auf dem Schlachtfeld.

Der Tod Gustav Adolfs traf nicht nur seine in Erfurt weilende Gemahlin als schwerer Schicksalsschlag. Das protestantische Lager hatte seine Führungsfigur verloren. Auch die mit ihm verbundenen Hoffnungen der Erfurter sollten sich zerschlagen. Schon 1635 mussten die Regelungen von 1631 infolge des Prager Friedens wieder rückgängig gemacht werden. Kursachsen war zuvor von Schweden abgefallen und forderte nunmehr den Abzug von dessen Garnison in Erfurt. Ähnlich wie während des Bauernkrieges 1525 blieb das von Mainz unabhängige und evangelische Erfurt 1631/35 nur eine Episode. Zwar kehrten die Schweden 1637 erneut als Besatzung nach Erfurt zurück, wo sie über das Kriegsende hinaus bis 1650 verblieben. Die Rechte des Erzbischofs und der katholischen Geistlichkeit wurden jetzt aber nicht mehr angetastet. Trotzdem nährten die Schweden weiter die Hoffnungen auf eine künftige Unabhängigkeit als Reichsstadt. Diese Bestrebungen scheiterten jedoch bei den Verhandlungen zum Westfälischen Frieden von Münster und Osnabrück 1648. Obwohl eine eigene Delegation mit Rückendeckung der Schweden an den Verhandlungen teilnahm, wurde Erfurt letztlich nicht im Vertragstext erwähnt. Damit blieben die alten Bindungen an den Landesherrn Mainz und den Schutzherrn Sachsen bestehen, die dies gemeinsam durchgesetzt hatten. Die nach drei Jahrzehnten Krieg geschwächte Stadt musste den Kampf um ihre verfassungsrechtlich labile Autonomie erneut aufnehmen.

IV.

Kurmainzische Provinzstadt

Der Dreißigjährige Krieg war aus Sicht der Erfurter eigentlich erst 1650 beendet, als die schwedischen Besatzungstruppen abzogen. Im September feierte die Stadt ein mehrtägiges Friedensfest mit Musik, geselligen Veranstaltungen und einer großen Bürgerparade. Die freudige und hoffnungsvolle Stimmung sollte aber nicht lange anhalten. Bald kam es zu inneren Unruhen, die in bewährter Weise vom Mainzer Kurfürsten angefacht und instrumentalisiert worden waren. Anders als in den Jahrhunderten zuvor gelang es der Stadt nicht mehr, diese Spannungen im Sinne der außenpolitischen Autonomie und inneren Eintracht abzubauen. Eine Opposition gegen die Ratsherrschaft unter der Führung von Volkmar Limprecht verbündete sich sogar offen mit dem Erzbischof. Der „Restitutionsrezeß" von 1650 schrieb nicht nur die landesherrschaftlichen Rechte des Erzbistums fest, sondern ermunterte auch die oppositionellen Kräfte in der Stadt. Limprecht begab sich als Obervierherr und bestimmende Persönlichkeit des Rates ab 1655 in die weitgehende Abhängigkeit des Kurfürsten.

In einem letzten Aufbäumen gegen die drohende Unterwerfung wurden die Kräfte um Limprecht 1662 von der Macht verdrängt und ein „Einigkeitsrezeß" von Rat und Bürgerschaft zur Sicherung der städtischen Rechte abgeschlossen. Hiergegen verwahrte sich die kaiserliche Kommission, die mit dem Rat über die Wiederherstellung der kurmainzischen Rechte in Erfurt verhandeln sollte. Sie verlangte den „Einigkeitsrezeß" rückgängig zu machen und die Zahlung einer Buße von 4.800 Talern. Empörung rief bei vielen Bürgern auch die Forderung hervor, von allen Kanzeln ein Gebet für den Erzbischof verlesen zu lassen. Versuche des Rates, noch einen Kompromiss mit dem Landesherrn zu schließen, scheiterten an der aufgewühlten Stimmung. Am 28. September 1663 erschien daraufhin der

Reichsherold in Erfurt, um die Verhängung der Reichsacht über die Stadt zu verkünden. Der Herold wurde „von der rasenden Bürgerschaft gar übel empfangen" und kurzerhand davongejagt, wie es in einem Bericht heißt. Infolgedessen beauftragte Kaiser Leopold I. Erzbischof Johann Philipp von Schönborn mit der Vollstreckung der Acht gegen Erfurt. Verzweifelte Versuche des Rates, durch weitgehendes Entgegenkommen das Schlimmste noch abzuwenden, scheiterten auf diplomatischem Parkett, da sich der Erzbischof die Rückendeckung des sächsischen Kurfürsten Johann Georg II. sichern konnte. Die isolierte Stadt wurde vom 12. September 1664 an von kurmainzischen und französischen Truppen belagert und musste am 5. Oktober in Bindersleben die Kapitulationsurkunde unterzeichnen.

Mag es auch mancher Zeitgenosse in seiner vollen Tragweite so nicht erfasst haben, endete doch mit der kurmainzischen „Reduktion" („Rückführung") von 1664 die rund 400-jährige Epoche als autonome Quasi-Reichsstadt. Dies war kein Sonderfall, da auch andere Städte mit ähnlicher verfassungsrechtlicher Stellung wie Münster, Magdeburg oder Braunschweig in jener Zeit absolutistischen Territorialherrschaften unterworfen wurden. Die thüringische Kleinstaatenwelt verlor ihr stets umkämpftes Herzstück, da der Erzbischof auch die alten Rechte der sächsischen Wettiner an sich ziehen konnte. Allerdings blieben gelegentliche Reibereien bestehen, da Sachsen seine Ambitionen auf Erfurt, die „Hauptstadt in Thüringen", wie es auf Stichen aus dieser Zeit noch immer heißt, keineswegs völlig aufgab. Neben den teils bis ins Groteske zersplitterten Kleinstaaten der Ernestiner, Schwarzburger und Reußen, Exklaven der kursächsischen Albertiner sowie den beiden kleinen Reichsstädten Nordhausen und Mühlhausen vervollständigte nun also der kurmainzische Länderkomplex mit dem Eichsfeld, Erfurt und dessen einstigen Landgebiet das bunte Bild der Landkarte Thüringens. War das zu jener Zeit auch mit Blick etwa auf den fränkischen und südwestdeutschen Raum noch nicht ungewöhnlich, unterschied sich Thüringen damit doch deutlich von der Entwicklung in modern

1664 endete die Autonomie Erfurts mit der Unterwerfung unter Mainz. Rat und Bürgerschaft leisteten Erzbischof Johann Philipp von Schönborn am 28. Oktober auf den Domstufen den Treueeid.

organisierten Territorialstaaten wie dem benachbarten Kurfürstentum Sachsen.

Die Zeit nach der „Reduktion“ 1664 war gekennzeichnet durch die Unterwerfung unter das absolutistische Regiment des Erzbischofs. Johann Philipp von Schönborn hielt kurz nach der Kapitulation am 12. Oktober 1664 feierlichen Einzug in der Stadt. Gipfel einer Reihe von Unterwerfungszeremonien war die Erbhuldigung von Rat und Bürgerschaft vor den Domstufen am 28. Oktober. Aus den einst so stolzen Bürgern der „Metropolis Thuringiae“ wurden nun Untertanen des Erzbistums Mainz. Am 12. Dezember folgte die Unterzeichnung eines Friedensvertrages, der die neue verfassungsrechtliche Stellung Erfurts als Teil des kurmainzischen Territorialstaates festschrieb. Die Stadt verlor ihr gesamtes Landgebiet und große Teile der kommunalen Selbstverwaltung. Oberste Behörde war fortan das Vizedomamt, seit 1675 Regierung genannt. Ihr stand ein Vizedom bzw. Statthalter vor. Diese Statthalter entstammten stets dem Mainzer Domkapitel und waren Vertreter einflussreicher Adelsgeschlechter. Unter den insgesamt zwölf Statthaltern hinterließen lediglich drei deutlichere Spuren: Philipp Wilhelm von Boineburg (1702–1717), Franz Anselm von Warsberg (1732–1760) und Karl Theodor von Dalberg (1772–1802).

Der Stadtrat fungierte nunmehr als ausführendes Organ der Regierung und musste nach dem Vorschlag durch die Bürgerschaft vom Landesherrn förmlich ernannt werden. Das einflussreiche Amt der Vierherren wurde abgeschafft. Es blieb dem Rat nur die Zuständigkeit für Aufgaben wie Polizeiverwaltung, Überwachung des Zunftwesens, Armenpflege und Teile der Gerichtsbarkeit. Die städtischen Finanzangelegenheiten, bisher ein Herzstück der kommunalen Selbstverwaltung, gingen komplett an die landesherrliche Verwaltung. Neben dieser politischen Entmachtung veränderte sich auch das Spannungsfeld der Konfessionen in der Stadt. Zwar gewährte der Erzbischof grundsätzlich die freie Religionsausübung im Sinne des Hammelburger Vertrages von 1530. Dennoch sah sich die evangelische Bevölkerungsmehrheit nunmehr den wieder erstarkten katholischen Kräften gegenüber, die sich an die landesherrliche Macht anlehnen konnten. Besonderes Misstrauen brachte man dem Jesuitenorden entgegen, der sich als treibende Kraft der Gegenreformation profiliert hatte. Ein Symbol von dessen Bemühungen war das Jesuitenkolleg auf dem Anger (1737–1773). Dennoch änderte sich die konfessionelle Verteilung in der Stadt bis zum Ende der kurmainzischen Zeit nicht grundlegend, legten doch um 1800 immer noch rund drei viertel der Einwohner ein evangelisches Religionsbekenntnis ab.

Die Mainzer Herrschaft wird in barocken Repräsentationsbauten wie der Zitadelle Petersberg, dem Angermuseum und der Staatskanzlei am Hirschgarten symbolisiert.

Ein Mittel der Herrschaftssicherung des Mainzer Kurfürsten war die von 1665 an errichtete Zitadelle auf dem Petersberg, zunächst als „Citadelle Johann Philippsburg" bezeichnet. Lange interpretierte man diese gewaltige barocke Festungsanlage in erster Linie als Machtdemonstration gegenüber der gerade unterworfenen Bürgerschaft. Ein solches Herrschaftssymbol stellt etwa das stadtseitige Kommandantenhaus mit dem prächtigen Peterstor (1673) dar, auf dem das Wappen des Kurfürsten prangt. Neuere Untersuchungen betonen dagegen, dass das schrittweise bis 1727 fertiggestellte militärische Verteidigungsbauwerk eine hohe außenpolitische Bedeutung für Mainz und die katholischen Mächte im Reich besaß. Es sollte helfen, ihre schwache Position in Thüringen und mit Blick auf das protestantische, unter schwedischem Einfluss stehende Nordostdeutschland zu sichern. Mit großem Aufwand entstand nach Plänen u. a. des Baumeisters Maximilian von Welsch eine Anlage, die in ihrem weitgehend erhaltenen Zustand heute in Deutschland ihresgleichen sucht.

Auf dem Petersberg wurden kurmainzische Truppen in der Stärke von bis zu 800 Mann stationiert. Als stehendes Heer sind sie ein typisches Charakteristikum des neuen absolutistischen Staates. Neben der Mainzer Garnison lagen in Erfurt auch kaiserliche Truppen in ähnlicher Stärke, die überwiegend in Bürgerhäusern untergebracht wurden. Zwischen Bürgerschaft und Militär sollte es fortan immer wieder zu Spannungen kommen. Die sehr teure Zitadelle samt Besatzung erwies sich bei ihrer ersten Bewährungsprobe im Siebenjährigen Krieg (1756–1763) als wenig wirkungsvoll. Mehrfach konnten die feindlichen preußischen Truppen von König Friedrich II. die Stadt besetzen und ihr Umland verwüsten, während sich Mainzer und Kaiserliche lediglich auf dem Petersberg verschanzten. Je nach Kassenlage des Kurfürsten gab es zudem immer wieder Klagen über den schlechten Bauzustand bis hin zum späteren Verfall ganzer Festungsteile.

Neben dem Großprojekt Zitadelle Petersberg waren einige Statthalter bestrebt, ihre „Residenz" repräsentativ auszubauen. Am nachhaltigsten wirkte hierbei Philipp Wilhelm von Boineburg. 1705 bis 1711 entstand unter seiner Statthalterschaft zunächst der Waage- und Packhof am Anger, das heutige Angermuseum. Dieser im fränkischen Barock gehaltene Zweckbau demonstrierte an exponierter Stelle die Herrschaft des Erzbischofs in Erfurt. Wenig später folgte die Statthalterei am Hirschgarten (1711–1720), die heutige Thüringer Staatskanzlei. Wie beim Petersberg und Angermuseum zeichnete auch hier Baumeister Maximilian von Welsch für die Pläne verantwortlich. Unter Einbeziehung benachbarter Renaissancebürgerhäuser entstand der prächtigste Barockbau der Stadt mit imposantem Portal am schlossähnlichen Mittelbau. 1732 ließ Franz Anselm von Warsberg mehrere Häuser vor dem Gebäude abreißen und eine Grünanlage anlegen. Seinen Namen verdankt der Hirschgarten dem Rotwild, das hier einige Jahrzehnte gehalten wurde. 1780 machte Karl Theodor von Dalberg den Hirschgarten schließlich zu Erfurts erster öffentlicher Parkanlage. Neben den dortigen Repräsentationsbauten prägt der Barock mit einigen Kirchen- und Bürgerhäuserfassaden bis heute das Stadtbild entscheidend mit.

Die einstige Handels- und Kulturmetropole verlor ihre Bedeutung, brachte aber auch einige beachtliche Leistungen und Persönlichkeiten hervor.

Nach dem Dreißigjährigen Krieg hatten Handel und Gewerbe in Erfurt stark gelitten. Mit der Unterwerfung unter Mainz 1664 sank die wirtschaftliche Bedeutung der Stadt weiter. Natürliche Katastrophen wie die regelmäßigen Hochwasser oder die große Feuersbrunst von 1736 kamen hinzu. 1682/83 wütete die letzte und zugleich schlimmste Pestepidemie in Erfurt und verringerte die Einwohnerzahl um mehr als die Hälfte auf rund 7.000. Eine Gedenkmedaille nennt 9.437 Pestopfer. Die Stadt sollte sich hiervon nur langsam erholen, über Jahrzehnte standen Häuser und ganze Quartiere leer. Auch die wirtschaftspolitischen Bemühungen einiger

Statthalter brachten nur geringe Erfolge. Das zünftige Handwerk und der Nahhandel blieben vorherrschend, Textil- und Nahrungsmittelgewerbe dominierten. Es gab nur zaghafte Ansätze einer Modernisierung, etwa durch erste Manufakturen in der Textilbranche im späten 18. Jahrhundert. Immerhin reichen in diese Zeit die Anfänge des später sehr bedeutungsvollen Erwerbsgartenbaus zurück. Als eine der wenigen Erfolgsgeschichten kann man auch die Erfurter Fayencemanufaktur (1718–1792) betrachten, deren gefragte Erzeugnisse heute noch im Angermuseum zu bewundern sind. Die insgesamt aber stagnierende Entwicklung zeigt sich nicht zuletzt darin, dass die einstige Mittelaltermetropole von fast 20.000 Einwohnern am Ende des 18. Jahrhunderts gerade wieder 17.000 Seelen in ihren Mauern zählte.

Die Unterwerfung unter Kurmainz hatte auch einschneidende Auswirkungen auf die Kultur. Besonders deutlich wird dies am Schicksal der Universität. Die „Reduktion" machte aus der autonomen städtischen Alma mater eine kurmainzische Landesuniversität. Hochschulleitung und Professoren hatten ähnlich wie Rat und Bürgerschaft symbolisch dem Landesherrn zu huldigen. Ihre Aufgabe lag nun vor allem in der Ausbildung von Beamten. Statthalter Dalberg etwa sah den Zweck von Universitäten darin, „tüchtige Männer zu bilden, die dereinst das Wohl des Staates befördern". So kamen in der einst international ausstrahlenden Universität nun bis zu 80 Prozent der Studenten aus den Mainzer Besitzungen um Erfurt und das Eichsfeld. Zugleich versuchten einige Kurfürsten und ihre Vertreter, die Universität im Geiste der Aufklärung durch Strukturveränderungen und gezielte Berufungen neu zu beleben. 1769 holte man sogar den bekannten Dichter Christoph Martin Wieland als Philosophieprofessor nach Erfurt. Er verließ die Universität jedoch 1772 schon wieder als Prinzenerzieher in Richtung Weimar, da eine durchgreifende Erneuerung nicht gelungen war.

Das geistig-akademische Leben wurde neben der Universität zunehmend von einer anderen Institution getragen. Am 19. Juli 1754 stellte der Mainzer Kurfürst Johann Karl von Ostein auf Initiative einiger Erfurter Universitätsprofessoren den Stiftungsbrief für die „Churfürstlich-Mayntzische Gesellschaft oder Academie nützlicher Wissenschaften“ aus. Sie ist nach Berlin (1700) und Göttingen (1751) die drittälteste Gelehrtengesellschaft in Deutschland. Die heutige Akademie gemeinnütziger Wissenschaften zu Erfurt entfaltete rasch Aktivitäten von internationaler Tragweite. Ihr gehörten auch Bürger an, die sich um das Erfurter Geistesleben und die sozial-ökonomische Entwicklung große Verdienste erworben hatten. Zu ihnen zählen der Apotheker und Mitbegründer der modernen Pharmazie Johann Bartholomäus Trommsdorff und Christian Reichart, Pionier des Erfurter gewerblichen Gartenbaus.

Weitere kulturelle Persönlichkeiten von überregionaler Ausstrahlung waren der Barockdichter Kaspar Stieler und der Sprachforscher Hiob Ludolf. August Hermann Francke, Vertreter der neuen protestantischen Strömung des Pietismus und späterer Gründer der Franckeschen Stiftungen in Halle, wirkte 1690/91 als Diakon an der Augustinerkirche. Allerdings musste er auf Drängen der lutherischen Orthodoxie die Stadt verlassen. Ein prägendes Element im Kulturleben sollte das Wirken der in Thüringen weitverzweigten Bach-Familie als Erfurter Stadtmusikanten werden. 1668 heirateten in der Kaufmannskirche die Eltern Johann Sebastian Bachs, dessen Vater Johann Ambrosius bis zu seinem Wegzug nach Eisenach 1683 ebenfalls Stadtmusikant war. Wichtige Vertreter der aufblühenden Erfurter Musikkultur waren auch Johann Pachelbel und Johann Wilhelm Häßler. Mit seinen Stillleben, Stadtlandschaften und Portraits bedeutender Persönlichkeiten hat auch der Maler Jacob Samuel Beck bleibende kulturelle Werte geschaffen, ebenso wie Nikolaus Heinrich Dornheim mit seinen zahlreichen Stadtansichten der Jahrzehnte um 1800.

Statthalter Karl Theodor von Dalberg (1772–1802) machte Erfurt im Geiste der Aufklärung zu einem kulturellen Zentrum nahe dem klassischen Weimar.

Der bedeutendste unter den kurmainzischen Statthaltern war der spätere Erzbischof und Fürstprimas des Rheinbundes Karl Theodor von Dalberg. Er ist ein beispielhafter Vertreter des aufgeklärten Absolutismus. Mit großem Enthusiasmus stürzte sich der 27-jährige Spross eines kaiserlichen Kammerherrn 1772 in seine Aufgabe in Erfurt. Die drei Jahrzehnte bis zu seinem eigenen Aufstieg zum Erzbischof 1802 sollten, wie er später rückblickend resümierte, die glücklichsten seines Lebens werden. Hier konnte der geistvolle, Kultur und Religion sehr zugetane Adlige seine Vorstellungen einer humanen, der Wohlfahrt der Untertanen dienenden Herrschaft ausleben. Dalbergs Einstand war symptomatisch für sein ganzes Wirken. Als in der Nacht des 2. Oktober 1772 ein Feuer in der Johannesstraße ausbrach, eilte der soeben angelangte, den Erfurtern noch unbekannte Statthalter sofort zum Ort des Geschehens. Seine Versuche, die Löschaktion durch Befehle zu koordinieren, trafen bei einem älteren Bürger auf wenig Gegenliebe: „Befehlen kann jeder! Aber helfen, retten will keiner!", so soll der aufgebrachte „gutherzige Murrkopf" gerufen und Dalberg einen Wassereimer in die Hand gedrückt haben, berichtet Chronist Constantin Beyer. Dalberg lächelte nur und führte die Rettung, „bis das Feuer gänzlich gelöscht war".

Dieser bürgernahe Vertreter des Kurfürsten erwarb sich rasch die Achtung, ja die Liebe der Erfurter. Seine humane Grundhaltung schlug sich in einer Reihe von sozialen und wirtschaftspolitischen Maßnahmen nieder. Freilich konnte auch er die einstige Handelsmetropole nicht aus der tiefen Provinzialität herausholen, in die sie nach 1664 gefallen war. Dennoch schwärmte nicht nur Zeitgenosse Beyer in seiner Chronik von einem „Genius, den der Himmel uns zum Segen sandte". Dies erklärt sich neben der persönlichen Ausstrahlung Dalbergs insbesondere durch sein Wirken im kulturellen Bereich. Er sorgte für die Wiederbelebung der Akademie, versuchte auch an der Universität unverdrossen der Aufklärung Geltung zu verschaffen. Am deutlichsten lässt sich die aufgeklärte, von offenem Standesdünkel kaum geprägte Haltung Dalbergs an seinen sogenannten Assembleen ablesen. Jeden Dienstag lud er alle „anständig gekleideten" Bürger und Gäste der Stadt zu geselligen Empfängen in die Statthalterei ein. Im großen Saal und den anliegenden Salons tummelten sich Woche für Woche Adlige, bürgerliche Honoratioren der Stadt, bekannte Staatsmänner und Künstler bunt durcheinander.

Seine große Ausstrahlung verdankte der Dalberg-Kreis aber besonders der unmittelbaren Nachbarschaft zur Residenzstadt Weimar, die in jener Zeit ihr „Goldenes Zeitalter" als Zentrum der klassischen deutschen Literatur erlebte. Gefördert von Herzog Carl August wirkte der „Dichterfürst" Johann Wolfgang von Goethe von 1776 bis 1832 an der Ilm, wo auch Christoph Martin Wieland, Johann Gottfried Herder, Friedrich Schiller und viele andere Literaten, Philosophen und Künstler heimisch wurden. Goethe zog es seit 1776 als Gesandter des Weimarer Herzogs oft nach Erfurt, von wo er nicht nur seinen Wein bezog. Zwischen ihm und seinen weimarischen Schriftstellerfreunden entwickelte sich eine enge Beziehung zu Dalberg. Auch Wilhelm von Humboldt gehörte zum Dalberg-Kreis und weilte häufig in Erfurt. 1791 heiratete er im Haus Dacheröden am Anger Caroline von Dacheröden, die Tochter des Akademie-Präsidenten und Dalberg-Freundes Karl Friedrich von Dacheröden. Friedrich Schiller war ebenfalls ein gern gesehener Gast bei Dacherödens. Caroline bahnte die Bekanntschaft Schillers mit Charlotte von Lengefeld an, deren Verlobung 1789 am Anger gefeiert wurde. Besonders eng wurde das Verhältnis Schillers zu Dalberg, der ihm allerdings nicht die erhoffte sichere Existenz in Erfurt ermöglichen konnte. Schauplatz wichtiger Aufführungen der Werke von Goethe und Schiller, die auch der Erfurter Akademie beitraten, war das Ballhaus in der Futterstraße, der heutige Kaisersaal. Neben den regelmäßigen Auftritten von Goethes Weimarer Hofschauspielern entstand hier das erste feste Theater der Stadt.

Die Dalberg-Zeit bildete den vom Wirken der Statthalter-Persönlichkeit überstrahlten Abgesang der kurmainzischen Epoche, die in der von der Französischen Revolution ausgelösten großen Umbruchphase an der Schwelle zum 19. Jahrhundert endete. Mag die neuere Forschung auch in vielen Punkten nüchterner über Dalberg und seine drei Jahrzehnte in Erfurt urteilen, so heben sie sich doch von der übrigen Zeit als abhängige, stagnierende Provinzstadt deutlich ab. Bis heute spielt die Erinnerung besonders an die kulturellen Impulse von Dalberg und seinem Kreis eine wichtige Rolle. Das Haus Dacheröden am Anger dient als lebendiges Kulturzentrum, der Festsaal der einstigen Statthalterei steht den Bürgern bei vielen Anlässen offen. Auch die engen Kontakte zum klassischen Weimar und seinen Protagonisten um Goethe und Schiller sind nicht vergessen. Ohne jene späte „Zopfzeit" der Ära Dalberg zu verklären, wird man sie doch mit zu den Höhepunkten der Stadtgeschichte rechnen dürfen.

V.

Der preußische Weg in die Moderne

Der Wechsel der Landesherrschaft vom Erzbistum Mainz zum Königreich Preußen 1802 markiert eine tiefe Zäsur in der Erfurter Stadtgeschichte. Jenes Jahr sollte sich in der kollektiven Erinnerung zum symbolträchtigen Schlüsseldatum am Beginn der Moderne aufladen. 100 Jahre später hatte sich ein Geschichtsbild etabliert, das die Entwicklung zur prosperierenden Industriegroßstadt eng mit dem Hohenzollernstaat verband und in Parallele zur mittelalterlichen Blütezeit setzte. In der Festzeitung zum 100. Jubiläum der Zugehörigkeit zu Preußen vom August 1902 ist diese Sicht in Reimen festgehalten worden:

„Im Herzen Deutschlands pulste dein Bürgerfleiß, / Und aus dem Keim schoß schwellend das schönste Reis, / Da Handel und Gewerb' im Bunde / Dich schuf zum Vorort auf deutschem Grunde. // Aus Geistesdämmrung schwelltest du frei empor, / Den Geistesfunken, welcher die Macht beschwor. / Und aufgehellt ins fernste Thule, - / Stätte der herrlichsten hohen Schule. // Dann kam der Frost, der arg deine Kraft versehrt: - / Voll auszureifen wurde dir nicht beschert; / Bis endlich, spät dein Leid zu sühnen, / Wieder dir wurde ein neues Grünen. // Das brach aus alten Trieben von frischem aus, / Seit dich beschirmt das mächtige Zollernhaus, / Und schöner, als du's je erfahren, / Hob sich dein Wohlstand seit hundert Jahren."

Zunächst wird die mittelalterliche Blütezeit angesprochen. Jenen Stolz der Erfurter Bürgerschaft, die Epoche als autonome Wirtschafts- und Kulturmetropole, koppelt das Gedicht ausdrücklich an die zweite, aus „alten Trieben" frisch ausbrechende Blüte, die Preußenzeit. Dazwischen schiebt sich jener „frostige" Abschnitt des Niedergangs und der Unterwerfung unter Mainz 1664. Die sich in der Tradition ihrer patrizischen Vorfahren sehende bürgerliche

Oberschicht der Stadt setzte also die Entwicklung zur modernen Metropole Thüringens in enge Verbindung mit dem landesherrlichen Wechsel von 1802.

Als eine solche geradlinige Erfolgsgeschichte wird man das 19. Jahrhundert heute nicht mehr erzählen können. Der preußische Weg in die Moderne führte zwar tatsächlich vom Provinzstädtchen mit 16.700 Einwohnern im Jahre 1802 zur pulsierenden Großstadt von 100.000 Einwohnern im Jahre 1906. Das Bild der Stadt und das Leben der Menschen sollten sich in einer bis dahin nicht gekannten Schnelligkeit und Radikalität wandeln. Das eigentliche Industriezeitalter hatte allerdings erst Mitte des Jahrhunderts eingesetzt und sich mit der Gründung des Deutschen Kaiserreiches 1871 enorm beschleunigt. Es brachte zudem keineswegs allen den im Gedicht gelobten Wohlstand. Die politisch-gesellschaftlichen Spannungen in Erfurt um 1900 stehen vielmehr beispielhaft für die Probleme der industriellen Moderne.

1802 wechselte Erfurt von Mainz an Preußen, dem es nach dem Zwischenspiel der „Franzosenzeit“ (1806–1814) erneut angegliedert wurde.

Am Beginn dieser epochalen Entwicklung standen auch für Erfurt die Französische Revolution und die Napoleonische Zeit. Die Ideen der Revolution seit 1789 mit ihrer Forderung nach Freiheit, Gleichheit und Brüderlichkeit griffen langsam, aber spürbar auch auf Erfurt über, ohne dass es zu größeren Unruhen kam. 1796 urteilte der bekannte Publizist Georg Friedrich Rebmann, die Erfurter seien „im stillen weiter fortgerückt, als an manchen Orten, wo man gewaltig von Aufklärung schreit“. Infolge der 1792 beginnenden Koalitionskriege gegen das revolutionäre Frankreich wechselte die Stadt nach rund 800-jähriger Zugehörigkeit zu Mainz ihren Landesherrn. Noch bevor der Reichsdeputationshauptschluss 1803 die größeren Fürsten für ihre linksrheinischen Verluste an Frankreich durch die kleinen

Reichsstände und Reichstädte (Mediatisierung) sowie die meisten geistlichen Fürstentümer (Säkularisation) entschädigte, war Erfurt samt dem Eichsfeld durch einen preußisch-französischen Sondervertrag 1802 zu Preußen gekommen. Am 21. August 1802 marschierten preußische Truppen in die Stadt ein und nahmen symbolisch von ihr Besitz. Die Erfurter sahen diesen historischen Herrschaftswechsel zunächst relativ gelassen. Mancher mag sogar die Zugehörigkeit zu jenem als modern geltenden Staat, der unter König Friedrich II. zur europäischen Großmacht aufgestiegen war, mit gewissen Erwartungen verbunden haben. Das galt nicht zuletzt für die evangelische Bevölkerungsmehrheit, die am 30. Mai 1803 mit Friedrich Wilhelm III. und seiner Gemahlin Luise einem Herrscherpaar derselben Konfession zujubeln durfte. Ansätze für zeitgemäße Reformen etwa in der Verwaltung hatten jedoch nur wenig Zeit, Wirkung zu entfalten. Zugleich sorgte es für große Enttäuschung, dass die neuen preußischen Gebiete Thüringens von Heiligenstadt aus regiert werden sollten. Zwischen Bürgern und den zahlreich einquartierten Soldaten kam es zu Spannungen, die der Erfurter Gouverneur und Festungskommandant General Leopold Alexander Graf von Wartensleben mit seinem Verhalten noch verschärfte.

Mit der preußischen Niederlage gegen Napoleon I. Bonaparte in der Schlacht bei Jena und Auerstedt am 14. Oktober 1806 begann für Erfurt das Zwischenspiel der „Franzosenzeit“ (1806–1814). Die Festung kapitulierte trotz intensiver militärischer Vorbereitungen und einer Besatzung von 11.000 Mann, was den Rückzug der geschlagenen preußisch-sächsischen Truppen zusätzlich erschwerte. Erfurt wurde nur drei Tage nach der Schlacht von französischen Truppen besetzt. 1807 erhielt es den Status einer „kaiserlichen Domäne“, die Napoleon unmittelbar unterstand. Hierin spiegelt sich die strategische Bedeutung der großen Festung inmitten der besetzten bzw. abhängigen deutschen Staatenwelt wider. Geleitet wurde die „domaine réservé à l' empereur“ von Intendant Pierre Jean Louis de Vismes, der seine Forderungen weitgehend von der deutschen Stadtverwaltung ausführen ließ. Besonders unbeliebt machten sich dabei u.a. Bürgermeister Johann Justin Weißmantel und Geheimpolizist Johann Heinrich Kahlert.

Das Verhalten der Erfurter gegenüber den französischen Besatzern bewegte sich von Anpassung und offener Kollaboration bis hin zu Ablehnung und Widerstand. Dies lag auch an den unterschiedlichen Erfahrungen im Alltag. So ging es den unteren Gesellschaftsschichten, den Gastwirten oder der Handwerkerschaft zum Teil nicht schlecht, während die wohlhabenden Bürger und die Kommune zunehmend verarmten. Das später von der nationalen Geschichtsschreibung gezeichnete finstere Bild bedarf also einer Differenzierung. Dennoch blieb die Napoleonische Zeit vor allem als französische Fremdherrschaft mit ständigem Durchzug von Armeen, mit drückenden Einquartierungen, Abgabenlasten und Polizeibespitzelung in Erinnerung. 1810 hatten 44 Erfurter Bürger in einem Brief an Napoleon auf die unhaltbaren Zustände aufmerksam gemacht. Dieser Versuch scheiterte jedoch ebenso wie weitere Bemühungen um eine Verbesserung der Situation an der Willkürherrschaft des Intendanten. Im Juli 1813 kam es sogar zu einer gewaltsamen Erhebung gegen die Einziehung von Rekruten in die napoleonische Armee, woraufhin man zwei Bürger als „Rädelsführer" zum Tod verurteilte.

Der Erfurter Fürstenkongress 1808 sah Napoleon auf dem Höhepunkt seiner Macht und war zugleich ein Wendepunkt in seiner Karriere.

Ein Ereignis sticht aus jener kurzen Epoche deutlich heraus. Im September/Oktober 1808 fand der glanzvolle Erfurter Fürstenkongress Napoleons mit nicht weniger als 34 Kaisern, Königen und Fürsten statt. Hierbei kam es am 2. Oktober 1808 zum denkwürdigen Treffen des Kaisers mit dem „Dichterfürsten" Goethe in der Statthalterei am Hirschgarten, wenig später auch mit Wieland. Im Kaisersaal versuchte Napoleon, seine Gäste – allen voran Zar Alexander I.

von Russland – mit Theateraufführungen der Comédie-Française „vor einem Parkett von Königen“ zu beeindrucken. Napoleon befand sich auf dem Zenit seiner Machtentfaltung, präsentierte sich als Herr über weite Teile Europas. Der General der Revolutionsarmee hatte 1799 per Staatsstreich die Macht ergriffen und sich 1804 zum Kaiser der Franzosen gekrönt. In den Folgejahren hatte er die entscheidenden Schlachten von Austerlitz gegen Österreich und Russland 1805, gegen Preußen bei Jena und Auerstedt 1806 und nochmals gegen Russland bei Tilsit 1807 gewonnen. Die europäische Landkarte war von ihm neu geordnet und Herrschersitze mit Familienangehörigen besetzt worden.

Der Erfurter Fürstenkongress 1808 markiert in dieser Blitzkarriere des „großen Korsen“ von kleinem Wuchs jedoch nicht nur einen Höhe-, sondern auch einen Wendepunkt. Mit dem Aufstand in Spanien im Sommer 1808 hatte sein Nimbus als unbesiegbarer Herrscher einen ersten Kratzer bekommen. Zugleich verfehlte er trotz einer abgeschlossenen Konvention sein Hauptziel von Erfurt, Zar Alexander als letzten kontinentalen Rivalen zu einem festen Bündnis zu bewegen. So kam es schließlich mit dem Russlandfeldzug 1812 zur Entscheidung gegen Napoleon, der den alliierten Truppen im Oktober 1813 in der Leipziger Völkerschlacht unterlag. Seiner Verbannung nach Elba 1814 konnte er noch einmal entgehen, doch der Niederlage bei Waterloo 1815 folgte die Verbannung nach St. Helena im Atlantik. Dort verstarb Napoleon 1821 unter bis heute geheimnisumwitterten Umständen.

Nach seiner Niederlage in Leipzig belagerten die alliierten Truppen der Preußen, Österreicher und Russen seit dem 26. Oktober 1813 Erfurt. Der Kaiser hatte zuvor noch bis zum 25. Oktober Stadt und Festung inspiziert und deren Verteidigung persönlich vorbereitet. Rund 6.000 Mann unter französischem Kommando stellten sich den Belagerern entgegen. Da sie nicht kapitulieren wollten, kam es zum Beschuss der Stadt. Dabei wurden am 6. November das Wohnviertel auf dem nördlichen Domplatz und das Peterskloster zerstört. Mit der Peterskirche verlor Erfurt seine imposante zweite Stadtkrone neben dem Dom. Eine ausbrechende Hungersnot forderte zahlreiche Todesopfer. Nach gut siebenjähriger, zunehmend bedrückender Besatzung zogen am 6. Januar 1814 die alliierten Truppen unter dem Jubel der Bevölkerung in die Stadt ein. Symbole der französischen Herrschaft wie der Napoleon-Obelisk auf dem Anger wurden spontan zerstört und es kam zu Handgreiflichkeiten mit französischen Soldaten, wobei ein Offizier erstochen wurde. Mit dem Abzug der Franzosen aus den Festungen Petersberg und Cyriaksburg bis zum 22. Mai 1814 endete für Erfurt die Napoleonische Zeit.

Nach dem Wiener Kongress 1815 wurde der Regierungsbezirk Erfurt gebildet, dessen Hauptstadt für Preußen große strategische Bedeutung als Festung besaß.

Der Wiener Kongress 1814/15 führte zur großen Enttäuschung vieler Anhänger der Nationalbewegung zum Deutschen Bund, einem relativ losen Staatenbund aus 35 Monarchien und vier freien Städten. In Thüringen kam es nur zu geringfügigen Veränderungen, ohne die Zersplitterung mit den wettinischen, schwarzburgischen und reußischen Kleinstaaten aufzuheben. Ein großer Teil Thüringens samt der Stadt Erfurt ging endgültig im Königreich Preußen auf. Diese Gebiete kamen 1816 zur neuen Provinz Sachsen mit der Hauptstadt Magdeburg. Sie umfasste mit Ausnahme des Herzogtums Anhalt im Wesentlichen das heutige Sachsen-Anhalt mit den Regierungsbezirken Magdeburg und Merseburg sowie den Regierungsbezirk Erfurt in Thüringen. Dieser erstreckte sich vom Eichsfeld und Nordhausen über Mühlhausen, das vormals kursächsische Langensalza und Weißensee bis nach Erfurt. Hinzu kamen ehemals kursächsische Exklaven um Suhl, Schleusingen und Ziegenrück. Sitz des Regierungspräsidenten wurde die ehemalige kurmainzische Statthalterei am Hirschgarten.

Erfurt besaß für seinen neuen Landesherrn weit über die Funktion als Verwaltungszentrum hinaus eine hohe strategische Bedeutung. Die „Festung I. Ranges“ mit ihren gewaltigen Bastionen sowie den Zitadellen Petersberg und Cyriaksburg sollte wichtige Sicherungsaufgaben übernehmen. Sie schützte die Südflanke Preußens und diente wie eine „Spinne im Kleinstaatennetz" (Hans-Werner Hahn) der Kontrolle der Region Thüringen. Dementsprechend investierte man besonders bis in die 1830er-Jahre viel Geld in die Verteidigungsanlagen. König Friedrich Wilhelm IV. meinte später sogar verärgert, die Erfurter Befestigungen wären auch nicht teurer gekommen, hätte man sie in Silber ausgeführt. Auf dem Petersberg wurde die Peterskirche zum Magazin umgebaut, wobei man die beschädigten Türme abriss. Anstelle der Klostergebäude entstand 1831 die große Defensionskaserne. Auch die modernisierte Cyriaksburg erhielt 1826 eine Defensionskaserne, in der sich heute das Gartenbaumuseum befindet. Die äußere Stadtmauer einschließlich der Tore und vorgelagerter Schanzen (Daberstedter Schanze, Schwedenschanze, Auenschanze) wurde als Teil der Gesamtfestung ebenfalls aufwendig ausgebaut. Zugleich war durch das Rayongesetz jegliche Bebauung im direkten Umland verboten, um Angreifern keine Deckung zu bieten.

Aufgrund der großen militärischen Bedeutung Erfurts wurde die Garnison weiter ausgebaut. Das militärische Element prägte zunehmend das Stadtbild. Durchschnittlich mehr als 3.000 Soldaten verschiedener Einheiten und Waffengattungen machten in der ersten Hälfte des 19. Jahrhunderts über ein Zehntel der Gesamtbevölkerung aus. Die Mehrheit von ihnen war jetzt in den neuen Kasernen oder Unterkünften wie dem ehemaligen Mainzer Hof und nicht mehr in Bürgerquartieren untergebracht. Auch schuf der Ausbau von Festung und Garnison zahlreiche Arbeitsplätze und Einkommensmöglichkeiten. Trotzdem kam es nach der nationalen Begeisterung der Befreiungskriege rasch wieder zu den altbekannten Spannungen zwischen Militär und Bürgerschaft. Auch die konservative Haltung des preußischen Offizierskorps sorgte für Unmut bei vielen eher liberal und national orientierten Bürgern, was in der Revolution von 1848 gipfeln sollte.

Die nach der Napoleonischen Zeit finanziell ruinierte Stadt erhielt 1822 ein gewisses Maß an Selbstverwaltung mit Vermögens- und Rechtsfähigkeit zurück. Geleitet wurde sie vom Magistrat mit einem Oberbürgermeister an der Spitze, dem die Stadtverordnetenversammlung an die Seite trat. Zunächst war der Oberbürgermeister zugleich Landrat des Landkreises Erfurt. 1832 konnte erstmals die Stadtverordnetenversammlung auf Grundlage der preußischen Revidierten Städteordnung gewählt werden. Mehr und mehr nahm sie die kommunalen Angelegenheiten einschließlich des Haushaltes in Abstimmung mit dem Magistrat in die Hand. 1833 wählten die Stadtverordneten selbst einen Oberbürgermeister, den Justizrat Ferdinand Wagner, der dieses Amt bis 1850 bekleidete. Gut anderthalb Jahrhunderte nach der Unterwerfung unter den Mainzer Erzbischof 1664 begann sich wieder eine echte kommunale Selbstverwaltung zu entwickeln, wobei das Wahlrecht vermögende Einwohner mit Bürgerrecht klar bevorteilte.

Auch mit dem Wirtschaftsleben ging es allmählich wieder aufwärts. Entscheidend für den Anschluss an die nach der Jahrhundertmitte beginnende Industrialisierung war der Bau der Thüringer Eisenbahn von 1844 bis 1847, deren Sitz nach Erfurt gelegt wurde. Hierfür hatten sich weitsichtige Bürger wie der Kaufmann Karl Herrmann eingesetzt. Am 22. März und 2. Mai 1847 erfolgten die ersten Fahrten nach Weimar und Gotha, wobei sich laut „Erfurter Zeitung" „die halbe Bevölkerung Erfurts" an der Strecke neugierig versammelt hatte. Die Bahnstrecke musste zwei Tunnel durch die Stadtbefestigungen am Gothaer Brückenkopf und am Schmidtstedter Tor durchqueren. Am 1. April begann der regelmäßige Verkehr in Richtung Halle mit zunächst vier Zugverbindungen am Tag. 1850 war die Verbindung von Frankfurt/Main nach Berlin durchgängig hergestellt. 1869 kam die Strecke Erfurt–Nordhausen und 1883 Erfurt–Sangerhausen hinzu. Nun fasste neben der traditionellen Textilindustrie auch die Metallindustrie in Erfurt Fuß. Die in der kurmainzischen Zeit stagnierende Einwohnerzahl stieg bis zur Jahrhundertmitte deutlich auf etwa 30.000 an. Dar-

Das Gemälde von Walter Corsep zeigt die Bahnhofstraße mit dem alten Bahnhof, dem späteren Sitz der Eisenbahndirektion. Im Hintergrund sieht man die gewaltigen Stadtbefestigungen. Der Anschluss an das Eisenbahnnetz 1847 symbolisierte den Start in das Industriezeitalter.

aus ergab sich zusammen mit den ersten Industriebetrieben das Problem einer zunehmenden Einengung in der Festungsstadt. In den 1860er-Jahren lebten schließlich gut doppelt so viele Menschen in Erfurt wie in der mittelalterlichen Blütezeit, ohne dass das Stadtgebiet hätte erweitert werden können.

Im kulturellen Bereich konnte die Stagnation nicht aufgehalten werden. 1816 wurde auf Geheiß des Königs die Universität Erfurt geschlossen, was man bereits vor 1806 erwogen hatte. Das kam nicht ganz überraschend, studierten doch schon 1811 lediglich noch 23 Studenten bei 35 Professoren an einer der einst größten Hochschulen Mitteleuropas. Aber auch eine etwas kräftigere Alma mater hätte es in der Provinz Sachsen sicher schwer gehabt gegen die blühende Universität Halle. Immerhin konnte der Bestand der nunmehr Königlichen Akademie gemeinnütziger Wissenschaften gesichert werden, die das akademische Leben der Stadt fortan prägte. Das Bildungswesen mit dem Königlichen Gymnasium (1820) an der Spitze wurde den preußischen Verhältnissen angeglichen. Eine der wenigen höheren Lehranstalten war das Institut des jüdischen Mathematikers Ephraim Salomon Unger in der Marktstraße. Hier erwarb sich u.a. Johann August Röbling, Brückenbaupionier und Erbauer der Brooklyn Bridge in New York, 1821/23 sein fachliches Rüstzeug. Die mit der Reformation begonnene Säkularisierung war bereits 1803 durch die Aufhebung fast aller verbliebenen Klöster und Stifte weitgehend vollendet worden.

In der Revolution von 1848/49 gipfelte die bürgerlich-liberale Nationalbewegung, bei der es auch in Erfurt zu schweren Auseinandersetzungen kam.

Das wirtschaftlich erstarkte Bürgertum verlangte nun immer deutlicher politische Mitsprache, liberale Grundrechte und einen deutschen Nationalstaat. Die 1815 vom Deutschen Bund angekündigten Verfassungen wurden zwar durch eine Reihe von Klein- und Mittelstaaten umgesetzt, aber in Preußen und Österreich blieben sie aus. Gestützt auf Adel und Militär entwickelte sich das Königreich Preußen nach der Phase der Reformen vor und während der Befreiungskriege politisch wieder zu einem Hort des Konservatismus. Dem stand die an Bedeutung zunehmende Nationalbewegung gegenüber, deren Vertreter sich auch in Erfurt fanden. Sie strebten nach einem modernen Verfassungs- und Rechtsstaat, wobei die Frage nach Republik oder Monarchie bzw. nach einem „Großdeutschland" mit Österreich oder einem preußisch dominierten „Kleindeutschland" kontrovers diskutiert wurde. Die in den Befreiungskriegen angefachte Stimmung bekam nach der Pariser Julirevolution 1830 wieder Aufwind, was beim Hambacher Fest 1832 deutlich wurde.

Mit der Revolution von 1848/49, hervorgerufen durch schwerwiegende politische und soziale Krisen, erreichte die Nationalbewegung ihren Höhepunkt. Die deutschen Fürsten sahen sich 1848 mit den „Märzforderungen" nach Presse- und Versammlungsfreiheit bis hin zur Ablösung feudaler Relikte konfrontiert. In der ab dem 18. Mai 1848 tagenden Frankfurter Nationalversammlung sollte die Verfassung für einen deutschen Nationalstaat ausgearbeitet werden. Die liberale Mehrheit des Bürgertums strebte dabei einen Kompromiss mit den Monarchen an. Es gewannen aber auch Vertreter der demokratisch-republikanischen Richtung an Einfluss, darunter die Erfurter Goswin Krackrügge und Hermann Alexander Berlepsch. In dieser Zeit wurde erstmals in der breiten Öffentlichkeit über eine Vereinigung Thüringens debattiert. Der Demokrat Berlepsch organisierte im Sommer 1848 fünf „Thüringer Volkstage". Auf diesen großen Versammlungen in Bad Berka, Ohrdruf, Arnstadt, Erfurt und Großbreitenbach forderte er die „Erschaffung der Einheit und Brüderlichkeit im biederen Thüringer Volke" als Teil der Vereinigung des deutschen Vaterlandes.

In Erfurt standen sich ab März 1848 in wachsender Polarisierung Befürworter der Revolution und königstreue Kräfte gegenüber. Letztere fanden an den oft aus anderen Provinzen stammenden Offizieren, Beamten und Lehrern sowie Vertretern der bürgerlichen Oberschicht einen festen Rückhalt. Hinter den Zielen der Revolution standen Vereinigungen wie der Bürgerhilfsverein und der Schutzbürgerverein bzw. Demokratische Verein um Krackrügge und Berlepsch. Politische Forderungen unter der Parole „Freiheit oder Tod" verbanden sich mit Demonstrationen etwa für niedrigere Bierpreise. Dabei kam es am 14. März zu ersten Krawallen und blutigen Zusammenstößen mit preußischen Soldaten. Mit der Berufung einer liberalen Regierung in Berlin Ende März beruhigte sich die Lage einstweilen.

Im Herbst 1848 kam es erneut zu einer Zuspitzung mit Aufruhr auch in zahlreichen Gebieten Thüringens. In Erfurt brach am 24. November 1848 ein Aufstand aus, angefacht vom Demokratischen Verein. Auslöser war die Einberufung von Landwehrmännern in die Armee, wozu laut Berlepsch nur die preußische Nationalversammlung ein Recht habe. Bei Kämpfen zwischen Bürgern und preußischen Soldaten auf dem Anger und in der

Auguststraße (Bahnhofstraße) kamen 13 Zivilisten und sieben Soldaten ums Leben. Der Kommandant verhängte den bis August 1849 geltenden Belagerungszustand. Rund 250 Revolutionäre wurden auf dem Petersberg inhaftiert. Es kam zu zahlreichen langjährigen Haftstrafen und zur Hinrichtung von sieben Landwehrmännern. Die Revolution fand schließlich mit der Ablehnung der Reichsverfassung und der Kaiserkrone durch den preußischen König Friedrich Wilhelm IV. im April 1849 ein erfolgloses Ende.

Eine gewisse Fortsetzung der 1848/49 gescheiterten nationalen Einheitsbewegung war das in der Augustinerkirche tagende Erfurter Unionsparlament vom März/April 1850, das im Kompromiss zwischen Liberalen und preußischem König die Verfassung für einen kleindeutschen Bundesstaat erarbeiten sollte. Die „Erfurter Union", bei der sich der junge Otto von Bismarck als konservativer Abgeordneter die „diplomatischen Sporen" erworben hatte, blieb freilich Episode. Zwar stimmten beide Kammern des Unionsparlamentes dem in Anlehnung an die Frankfurter Reichsverfassung konzipierten, allerdings stärker monarchisch gestalteten Entwurf mehrheitlich zu. Friedrich Wilhelm IV. und sein Berater Joseph Maria von Radowitz, eigentlicher Initiator der Unionspolitik, konnten sich aber bei der Umsetzung der Verfassung nicht gegen Österreich und die konservativen Kräfte in Preußen durchsetzen. Auch zahlreiche süd- und mitteldeutsche Staaten wie Bayern, Württemberg und Sachsen hatten sich gar nicht erst am Unionsparlament beteiligt. Die Erfurter sahen dies mit großem Bedauern, verband man doch mit dem Unionsparlament die große Hoffnung, zur künftigen deutschen Hauptstadt aufzusteigen.

Nach der gescheiterten Revolution 1848/49 und dem Erfurter Unionsparlament 1850 führten die Einigungskriege zur Gründung eines preußisch-kleindeutschen Nationalstaates 1871.

Trotz des Scheiterns der Revolution 1848/49 und der Erfurter Union 1850 blieb die nationale Frage auf der Tagesordnung. 1866 fiel im deutschen „Bruderkrieg“ die Entscheidung zwischen den Großmächten des Deutschen Bundes, Preußen und Österreich. 1864 im ersten der „Reichseinigungskriege“ noch gemeinsam gegen Dänemark siegreich, sollte sich 1866 an der Schleswig-Holstein-Frage der nächste Krieg entzünden. Wenige Tage vor der Entscheidungsschlacht von Königgrätz (Hradec Králové) in Böhmen am 3. Juli 1866, an der auch die Erfurter Infanterieregimenter Nr. 31 und 71 teilnahmen, war das Erfurter Umland zum Schauplatz des zweiten maßgebenden Gefechtes geworden. Das Königreich Hannover, wie die meisten süddeutschen Staaten an der Seite Österreichs stehend, versuchte sich mit seiner Armee durch Thüringen in Richtung Bayern durchzukämpfen. Doch die Preußen konnten diesen Durchbruchsversuch rechtzeitig verhindern. Am 29. Juni 1866 musste die Hannoversche Armee bei Langensalza kapitulieren und sich der technischen Überlegenheit Preußens, u. a. durch die modernen Zündnadelgewehre, beugen. Noch wichtiger war die Nutzung des jungen Verkehrsmittels Eisenbahn. Mit deren Hilfe konnte in kürzester Frist nach anfänglicher Unterlegenheit ein Ring von 40.000 Soldaten um die 20.000 Hannoveraner samt ihrem König Georg V. gezogen werden.

Natürlich waren auch Truppen der nahen Erfurter Garnison an der Schlacht beteiligt. Insbesondere das Ersatzbataillon der 71er und die reitende Artillerie trugen nicht unerheblich zum Erfolg der Preußen bei. Freilich bezahlten sie dies wie alle Beteiligten mit einem hohen Blutzoll, allein die Erfurter Infanterie musste 176 Tote beklagen. In der Stadt selbst hatte man zu Kriegsbeginn eine längere Belagerung befürchtet, für deren Fall der Magistrat am 6. Juni in einem Aufruf „An die Einwohnerschaft Erfurts!“ entsprechende Vorbereitungen ankündigte. Sicher sorgte der rasche Sieg der Preußen auch aus diesem Grund für Erleichterung und Freude, waren doch die schweren Zeiten der Belagerung 1813/14 noch nicht vergessen. Aber auch darüber hinaus nahmen große Bevölkerungsteile im zunehmend preußisch geprägten Erfurt den Sieg bei Langensalza mit Jubel auf. Regierungspräsident Justus Wilhelm du Vigneau registrierte zufrieden die allseitige „Begeisterung über die Heldentaten der Truppen". Die rückkehrenden Soldaten wurden im September 1866 mit Glockengeläut, Chorgesängen, einem Triumphbogen, Ansprachen und weiteren Festlichkeiten empfangen.

Die bald so beschriebene „preußische Mission" zur Einigung Deutschlands schien ein gutes Stück vorangekommen zu sein und sollte schon wenig später, wieder unter großem Jubel der Erfurter, ihre Erfüllung finden. Denn dem Preußisch-Österreichischen Krieg folgte bereits 1870/71 der Deutsch-Französische Krieg. Erneut hatten Erfurter Einheiten, u. a. das 31. und 71. Infanterieregiment, an wichtigen Kämpfen Anteil. Ein für alle Erfurter deutlich sichtbares Zeichen des erfolgreichen Kriegsgeschehens war das große französische Gefangenenlager am Johannesplatz. Auch mit zahlreichen Truppenbewegungen und Lazaretten machte sich der Krieg vor Ort bemerkbar. Am Ende des dritten der „Reichseinigungskriege" stand die Gründung des Deutschen Kaiserreiches. Der preußische König wurde am 18. Januar 1871 im Spiegelsaal des Schlosses von Versailles zum Deutschen Kaiser proklamiert. Die Reichseinigung „von oben" durch Otto von Bismarck, mit „Eisen und Blut", war vollzogen. Damit entfiel für das nun mitten im neuen deutschen Nationalstaat liegende Erfurt die Funktion als strategisch wichtige Festungsstadt. Bald ihres einengenden Gürtels entledigt, war der Weg zur modernen Industriegroßstadt frei.

Politisch-administrativ änderte sich für Erfurt relativ wenig. Das neue föderale Kaiserreich vereinte 22 Monarchien, drei Hansestädte und das Reichsland Elsass-Lothringen, wobei sich in Thüringen nunmehr fast ein Drittel aller souveränen Fürsten drängte. Dem preußischen Thüringen standen noch immer acht Kleinstaaten gegenüber: das Großherzogtum Sachsen-Weimar-Eisenach, die Herzogtümer Sachsen-Coburg und Gotha, Sachsen-Meiningen und Sachsen-Altenburg, die Fürstentümer Schwarzburg-Rudolstadt und Schwarzburg-Sondershausen sowie Reuß ältere Linie (Greiz) und Reuß jüngere Linie (Gera). Das Ungleichgewicht zwischen den Bundesmitgliedern verkörperte Thüringen so in besonderer Weise. Dominierender Staat war das Königreich Preußen mit 350.000 qkm Fläche und 35 Mio. Einwohnern (um 1900), schon mit deutlichem Abstand gefolgt vom Königreich Bayern (75.000 qkm, sechs Mio. Einwohner) und Königreich Sachsen (15.000 qkm, vier Mio. Einwohner). Die thüringischen Staaten siedelten sich dagegen zusammen mit den Hansestädten und übrigen Kleinstaaten am Ende der Skala an. Am größten war mit 3.600 qkm und 340.000 Einwohnern Sachsen-Weimar-Eisenach, am kleinsten Reuß ältere Linie mit 316 qkm und 67.000 Einwohnern. Mit 3.500 qkm bildete der Regierungsbezirk Erfurt nach Sachsen-Weimar-Eisenach die zweitgrößte politisch-administrative Einheit innerhalb Thüringens, verfügte aber mit 450.000 über die meisten Einwohner. Sein Regierungssitz Erfurt, die einstige mittelalterliche „Metropolis Thuringiae“, wurde nun zur modernen Metropole Thüringens.

VI.

Entwicklung zur Industriegroßstadt

Der Mitte des 19. Jahrhunderts einsetzende wirtschaftliche Aufschwung, eng verbunden mit dem Anschluss an das Eisenbahnnetz 1847, kann als Beginn des Industriezeitalters angesehen werden. Die Entwicklung zur modernen Industriegroßstadt im engeren Sinne datiert allerdings erst in die Zeit nach der Reichsgründung 1871. 1872 rückte Erfurt zur kreisfreien Stadt auf. Mit der „Gründerzeit" beginnend, wuchs deren Einwohnerzahl rasant von 43.000 (1871) auf 100.000 (1906). Mit Stolz konnte Oberbürgermeister Hermann Schmidt verkünden, dass mit dem Fleischermeistersohn Wilhelm Mund am 22. Mai 1906 „die Stadt Erfurt Großstadt geworden ist". Bis 1914 brachte es Erfurt auf 130.000 Einwohner. Es ragte damit in Thüringen aus einer weite Teile des Deutschen Kaiserreiches erfassenden Urbanisierung heraus. Zwischen 1871 und 1914 war die Bevölkerungszahl von 41 auf 65 Millionen, der Anteil der städtischen Bevölkerung von einem Drittel auf zwei Drittel gestiegen. Deutschland gehörte jetzt zu den führenden Industrienationen der Welt.

Eine wichtige Voraussetzung für die Entwicklung zur Großstadt bildete die Beseitigung der Befestigungsanlagen ab 1873. In den 1860er-Jahren noch einmal aufwendig saniert und erneuert, verschwanden innerhalb von nur drei Jahrzehnten die gewaltigen Bastionen bis auf die weiterhin militärisch genutzten Zitadellen Petersberg und Cyriaksburg. Die Stadt dehnte sich nun über den mittelalterlichen Kern aus. Gleichzeitig modernisierte man die Infrastruktur. Heraus ragte das Doppelprojekt von Flutgraben und Ringstraße (Juri-Gagarin-Ring, 1890–1899), für das sich besonders Oberbürgermeister Richard Breslau (1872–1889), der „Vater des modernen Erfurt", eingesetzt hatte. Auf den Resten der Stadtbefestigung legte man weitere Straßenzüge und Grünanlagen an, etwa den Stadtpark auf der ehemaligen Daberstedter Schanze 1908. Die Friedhöfe der Innenstadt wurden geschlossen, 1871 bis 1876 wurde der Südfriedhof und 1913 bis 1916 der Hauptfriedhof angelegt. 1882 öffnete das Städtische Krankenhaus in der Nordhäuser Straße. Daneben verlegte man eine Zentralwasserleitung (1875/76) und Kanalisation (ab 1876). Die Stadt erhielt zudem 1883 eine Pferdestraßenbahn, die 1894 elektrifiziert wurde. Die Elektrifizierung Erfurts hatte 1887 begonnen.

1906 erreichte Erfurt, das pulsierende Industrie- und Verkehrszentrum Thüringens, mit 100.000 Einwohnern den Status einer Großstadt.

Die Gründerjahre und ein weiterer Schub um die Jahrhundertwende sorgten für den endgültigen Durchbruch zur modernen Industrie- und Dienstleistungsstadt. Es florierten vor allem die Metall- und Bekleidungsindustrie. Ein Querschnitt durch die Wirtschaftsstatistik von 1907 macht dies deutlich. Von 40.106 Erwerbstätigen arbeiteten 23.400 in Industrie und Gewerbe, 11.848 Arbeiter waren allein in den beiden Leitindustrien beschäftigt. Damit stellte dieser Sektor rund 58 Prozent der Beschäftigten. Erfurt war nicht nur Eisenbahnknoten, es wurde auch Verwaltungssitz der Thüringer Eisenbahn bzw. der preußischen Königlichen Eisenbahn-Direktion (1882). Eisenbahnausbesserungswerk (1876) und Lokomotivenhersteller (Hagans) waren wichtige Arbeitgeber. 1862 war bereits die Königlich-Preußische Gewehrfabrik von Saarn nach Erfurt verlegt worden. Es folgten zahlreiche moderne Metallunternehmen (John, Pels, Topf, Schwade). Daneben bildete die Schuhherstellung (Lingel, Hess) den dynamischsten Wirtschaftszweig.

Hinzu kamen die Lebensmittelindustrie mit Brauereien, Malzwerken (Wolff, Eisenberg), Mühlen, Tabak- (Reemtsma) und Teigwaren (North), Senffabriken (Born), die Baubranche, das Druckerei- und Verlagsgewerbe (Stenger, Richters), die Lampenherstellung (Kaestner, Stübgen) sowie das Banken- und Ver-

Die Schuhfabrik Lingel in der heutigen Martin-Andersen-Nexö-Straße war zeitweise das größte Unternehmen der Branche in Deutschland.

sicherungsgewerbe (Thuringia). Mit dem Steinsalzbergwerk in Ilversgehofen (1857–1816) bildete Erfurt sogar einen Bergbaustandort. Von internationaler Bedeutung war die traditionsreiche Kunst- und Handelsgärtnerei (Benary, Chrestensen, Heinemann, Schmidt [„Blumenschmidt“], Haage [„Kakteen-Haage“]) der „Blumenstadt“, die ab 1865 durch große Gartenbauausstellungen für Aufsehen sorgte. Neben dem Weltruf ihrer innovativen Produkte prägten die Gartenbauunternehmen mit ihren repräsentativen Geschäftshäusern, ausgedehnten Betriebsgeländen, Gewächshäusern und Blumenfeldern auch das Stadtbild nachhaltig mit. Man muss sich Erfurt in dieser Zeit als Insel in einem „Meer von berauschend duftenden, in allen Farben leuchtenden Blüten: Rosen und Feilchen, Reseden, Levkojen und Tulpen, Balsamienen“ vorstellen, wie es der Reiseschriftsteller Karl Emil Franzos 1901 beschrieb. Auch die Stellung als Handels-, Verkehrs- und Verwaltungszentrum schlug sich in der Beschäftigtenzahl und im Umsatz nieder. Mit dem 1908 eröffneten Kaufhaus Römischer Kaiser (KRK) am

Anger (Anger 1) hatte Erfurt Anschluss an den großstädtischen Einzelhandel gefunden, das Hotel „Erfurter Hof“ am Bahnhof galt als eines der ersten Häuser im Reich. Neben Industrie und Großhandel behauptete sich aber auch der gewerbliche Mittelstand. 1907 befanden sich unter den 6.779 Unternehmen der Erfurter Wirtschaft 5.788 Kleinbetriebe (85,4%) mit bis zu fünf Arbeitern, darunter fielen allein 1.954 sogenannte Alleinbetriebe (28,8%).

Der Entwicklung zur Industriegroßstadt entsprachen die Veränderungen in der sozialen Struktur. Die größte Schicht bildeten 1907 die 23.790 Arbeiter (59,3% der Erwerbstätigen). Die bürgerlichen Sozialschichten (Selbstständige, Beamte, Angestellte) machten demgegenüber nur rund 40% der Erwerbstätigen aus. Dementsprechend unterschied sich das Einkommen deutlich. Im Jahre 1900 zahlten 66,3% der steuerpflichtig Erwerbstätigen für ein Jahreseinkommen bis 1.200 Mark Steuern, ganze 0,9% Großverdiener verfügten dagegen über ein Einkommen von über 12.000 Mark. 1910 hatten es sieben Erfurter Unternehmer zum mehrfachen Millionär gebracht: Textilfabrikant Ferdinand Lucius (9 Mio. Mark), Malzfabrikant Fritz Wolff (6 Mio.), Gartenbauunternehmer Friedrich Benary (6 Mio.), Lampenfabrikant Franz Kaestner (5 Mio.), Bankier Herrmann Stürcke (3 Mio.), Bankier Max Stürcke (3 Mio.) und Maschinenfabrikant Ludwig Topf (3 Mio.). Der Historiker Wilhelm Horn charakterisierte diese Gegensätze 1904 so: „Durch die dauernde Zuwanderung proletarischer Volksmassen auf der einen Seite und andererseits durch die schnelle Bereicherung städtischer Grundbesitzer, die Niederlassung wohlhabender Kaufleute und Unternehmer, sowie endlich durch das Aufkommen einer industriellen Rentnerklasse ist im Verlaufe der modernen Großstadtentwicklung die Kluft zwischen Arm und Reich immer tiefer geworden.“

Die Entwicklung zur modernen Industriegroßstadt bewirkte auch die Spaltung in Arbeiterschaft und Bürgertum mit großen sozialen Unterschieden.

Diese sozialen Trennlinien wurden auch bei der Erweiterung des Stadtgebietes sichtbar. Im Norden und Osten entstanden Wohnsiedlungen für Arbeiter und Kleinbürger nahe den neuen Industriearealen. Gab es dabei auch nicht solch extreme Auswüchse der Mietskasernenarchitektur wie im Berlin Heinrich Zilles, verbarg sich doch einiges an sozialer Not hinter den gründerzeitlichen Hausfassaden. 1905 wohnten 26.399 Personen (27,9 Prozent der Bevölkerung) in überbelegten Wohnungen, 1.145 Menschen hatten sich mit sechs und mehr Personen eine Einraumwohnung teilen müssen. Natürlich betraf dies fast ausschließlich Arbeiterfamilien, von denen rund die Hälfte laut Statistik in bedrückender Enge unter ärmlichen Verhältnissen lebte. Der bürgerliche Mittelstand verteilte sich auf die Innenstadt sowie die neuen Viertel in Nord und Ost. Das Großbürgertum siedelte sich dagegen vorzugsweise in der Löber und Brühler Flur an, die sich zum landschaftlich reizvollen bürgerlichen Südwesten mit zahlreichen prachtvollen Villenbauten entwickelten.

Erfurt wurde mit der Industrialisierung zu einer Hochburg der Sozialdemokratie. Bereits seit 1865 Sitz eines Zweigvereins des Allgemeinen Deutschen Arbeitervereins, war die Sozialdemokratie seit ihrer Gründung 1869 präsent. 1891 fand im Kaisersaal der Erfurter Parteitag statt, auf dem das wegweisende Erfurter Programm und der Parteiname SPD beschlossen wurden. Nach dem Ende der Verfolgungen durch das bismarcksche Sozialistengesetz (1878–1890) suchte die aufstrebende Arbeiterpartei unter ihrem Vorsitzenden August Bebel nach einer neuen Strategie. Das Erfurter Programm bewegte sich im noch lange charakteristischen Spannungsfeld von marxistisch-revolutionärer Theorie und demokratisch-sozialreformerischer Praxis mit Forderungen nach einem Achtstundentag, Verbot der Kinder- und Nachtarbeit, Koalitions- und Wahlrecht und Ähnlichem. Letzterer Weg hat sich als der nachhaltigere erwiesen. Mit dem Godesberger Programm 1959 verabschiedete sich die SPD endgültig vom Marxismus und erklärte sich zur Partei der Freiheit, Gerechtigkeit und Solidarität in einer marktwirtschaftlichen Gesellschaft.

Das Erfurter Programm 1891 bestimmte für Jahrzehnte den Kurs der deutschen Sozialdemokratie und legte den Parteinamen SPD fest.

Wichtigster SPD-Funktionär in Erfurt war der Schneidermeister Paul Reißhaus. Mit dem Tivoli am Anfang der Magdeburger Straße (Magdeburger Allee) verfügte man über ein Veranstaltungs- und Kulturzentrum. Alltag und Lebenswelt vieler Erfurter wurden im sozialistischen Arbeitermilieu „von der Wiege bis zur Bahre" bestimmt, von der Kinder- und Jugendarbeit, den Gewerkschaften über den Konsumverein bis zur Sterbekasse. Aus diesem Milieu ging auch der spätere führende KPD-Politiker und „rote Propaganda-Zar" Willi Münzenberg hervor, der als junger Lingel-Schuharbeiter 1906 in den SPD-nahen Verein „Propaganda" eingetreten war. Trotz der festen gesellschaftlichen Verankerung sahen sich die Arbeiter 1913 durch ganze zwei von 57 Stadtverordneten vertreten, und auch das nur durch die Eingemeindung der Arbeitersiedlung Ilversgehofen 1911. Ausdruck der tatsächlichen Entwicklung waren die Wahlergebnisse des Reichstages. In Erfurt erreichten die SPD-Kandidaten ab 1898 mehr als 50 Prozent. 1912 war die SPD endgültig stärkste Partei geworden, im Wahlkreis Erfurt-Schleusingen-Ziegenrück gelang mit dem Volksschullehrer Heinrich Schulz erstmals der Sprung in den Reichstag.

Dieses Wählerpotenzial kam jedoch in der Lokalpolitik nicht zur Geltung. Neben wenigen Ausnahmen sah nur der Reichstag freie Wahlen für Männer vor. Ausdruck der eingeschränkten Wahlfreiheit war das preußische Dreiklassenwahlrecht, das der großbürgerlichen Honoratiorenschaft weiterhin die Vorherrschaft sicherte. Die Wahlberechtigten jeder Kommune wurden nach ihrem Steueraufkommen in drei Klassen eingeteilt. Diese waren sehr unterschiedlich stark besetzt. In Erfurt wählten nie mehr als 1,5% der Stimmberechtigten in der 1. Klasse, in der 2. Klasse nie mehr als 14,5%. Einer 16-prozentigen Oberschicht waren damit zwei Drittel der Mandate sicher. Die Dreiklassenwahl und Einschränkungen des Bürgerrechtes erklären, warum die Stadtverordneten bis 1918 fast ausnahmslos vom wohlhabenden Großbürgertum gestellt wurden. Sie betrieben im Rathaus eine parteipolitisch weitgehend ungebundene, praxisorientierte Politik zum Wohle der Stadt.

Eine bürgerliche Honoratiorenschicht aus „Besitz und Bildung“ dominierte bis 1918 das politisch-gesellschaftliche Leben der Stadt.

Die konservativ-liberalen Honoratioren besetzten Schlüsselpositionen wie Magistratssitze oder übernahmen Stadtverordnetenmandate, sie waren Vereinsvorstände, Aufsichtsräte usw. Wirtschaftliches, kulturelles und politisches Establishment waren weitgehend identisch. Ihr Ansehen und Einfluss hing freilich auch davon ab, inwieweit sie als Vertreter des Gemeinwohls auftraten. Hierfür bot die Stadtverordnetenversammlung das Forum, ohne dass Parteipolitik eine vordergründige Rolle gespielt hätte. Die eher locker organisierten Bürgerparteien wurden anders als die straffe Mitgliederpartei SPD meist nur vor Wahlen aktiv. Es bestanden Vereine der rechtsliberalen Nationalliberalen Partei, der linksliberalen Fortschrittspartei, der Konservativen und des katholischen Zentrums. Bei allen politischen Differenzen grenzte man sich als bürgerlich-nationales Lager eindeutig gegen die Sozialdemokratie ab. Bei den meist nötigen Stichwahlen zum Reichstag waren dem konservativen oder liberalen Kandidaten die Stimmen des Bürgertums sicher.

Vor 1918 konstituierte sich das bürgerliche Milieu in erster Linie aus einem Geflecht von Verbänden, Vereinen und Presseorganen. Wirtschaftliche Interessen vertraten die Handelskammer, die Handwerkskammer und zahlreiche Verbände. Spezielle Interessen im Blick hatten der Haus- und Grundbesitzerverein, der Gartenbauverein, der Gewerbeverein, der Verschönerungsverein, der Verkehrsverein und andere. Auch die über 500 Freizeit- und Geselligkeitsvereine besaßen eine große Bedeutung. Heraus ragten das

Bürger-Schützen-Corps, die „Gesellschaft Ressource", die Freimaurerloge „Carl zu den drei Adlern", der Sport-Club Erfurt und der Männer-Turnverein, aber auch die nationalen und militaristischen Vereine (Deutscher Flottenverein, Deutsche Kolonialgesellschaft, Alldeutscher Verband, 40 Kriegervereine). Daneben bestanden angesehene Kulturvereine wie die Akademie gemeinnütziger Wissenschaften oder der Verein für die Geschichte und Altertumskunde von Erfurt. Nicht zu vergessen sind die vielen religiösen und wohltätigen Vereine wie die Luthergesellschaft, der Evangelische Bund oder der Gustav-Adolf-Verein. Ein wichtiges Element der Milieustrukturen waren die Zeitungen. Als Organ des sozialistischen Arbeitermilieus erschien ab 1889 die „Thüringer Tribüne". Die bürgerliche Presse wurde beherrscht von dem 1849 gegründeten „Erfurter Allgemeinen Anzeiger" (ab 1919 „Thüringer Allgemeine Zeitung"). 1919 sollte mit der „Mitteldeutschen Zeitung" ein weiteres großes Bürgerblatt hinzukommen.

Der Nationalismus stieg im Kaiserreich zur „neuen Religion" auf und manifestierte sich u. a. in zahlreichen Feiertagen und Denkmalen.

Zu den prägenden Wertorientierungen gehörte auch ein emotionaler, protestantisch geprägter Nationalismus. Der aus der Erhebung gegen die napoleonische Fremdherrschaft erwachsene „vaterländische Gedanke" hatte bis hin zur Revolution von 1848/49 starke liberal-emanzipatorische Züge getragen. Nach der Reichsgründung 1871 durch den „Reichseiniger" und „Eisernen Kanzler" Otto von Bismarck (1871–1890) nahm er jedoch zunehmend autoritär-staatsnahe Züge an. In der Wilhelminischen Ära unter Kaiser Wilhelm II. (1888–1918) strebte man über Bismarcks saturierten Nationalstaat hinaus nach einem „Platz an der Sonne". Deutschland war seit 1884/85 Kolonialmacht, baute ab Ende des 19. Jahrhunderts eine starke Flotte auf und konkurrierte mit den etablierten Weltmächten wie Großbritannien und Frankreich. Die nationale

Massenmobilisierung im Zeitalter des Imperialismus bewirkte eine teilweise Ablenkung gesellschaftlicher Spannungen nach außen und erfasste auch Teile der Arbeiterschaft. Dies erklärt u. a. die Popularität des Erfurter Konsuls Wilhelm Knappe, der zu den Pionieren deutscher Weltpolitik gehörte und 1889 seine bedeutende Südseesammlung an das Städtische Museum verkaufte.

Manifestationen des kaiserzeitlichen Nationalismus waren die pompös begangenen Feiertage wie die Kaisergeburtstage (Wilhelm I. 22. März, Wilhelm II. 27. Januar), der Sedantag (2. September), der Reichsgründungstag (18. Januar) oder im protestantischen Erfurt der Reformationstag (31. Oktober) bzw. Luthers Geburtstag (10. November). Hinzu kamen Jubiläen, Gedenktage, Denkmalsenthüllungen etc. Nationale Symbole bildeten gerade die Denkmale wie das Kaiser-Wilhelm-Denkmal am Kaiserplatz (heute Karl-Marx-Platz, 1900), der Bismarckturm im Steiger (1901) und das Kriegerdenkmal vor dem Regierungsgebäude (1876). Die nationalen Werthaltungen drückten sich bei zahlreichen Bürgern auch privat im Kaiserbild in der guten Stube, im martialischen Kaiser-Wilhelm-Bart, im obligatorischen Marinekostüm des Nachwuchses oder im stolzen Tragen der Reserveoffiziers-Uniform aus. Der Nationalismus war zur tief verinnerlichten „neuen Religion" der Zeit aufgestiegen.

Eine weitere wesentliche Klammer des Bürgertums war die Abgrenzung zur sozialdemokratischen Arbeiterschaft. Die „Sozis" galten mit ihrem Wahlspruch „Proletarier aller Länder vereinigt euch!" als national unzuverlässig und „rote Umsturzpartei". Die wachsenden Arbeitermassen täglich vor Augen, war die Haltung der Bürger von Furcht vor politischer Majorisierung oder Revolution gekennzeichnet. Auf die soziale Frage reagierte die Honoratiorenschaft mit traditionellen Wohlfahrtsvorstellungen. So erklärte Wilhelm Horn 1904, „daß auch angesehene Männer innerhalb der Gemeindeverwaltung den Ruf nach sozialen Reformen erhoben, um die sozialen Gegensätze überbrücken zu helfen". Aktiv wurde man durch Einrichtungen wie den Erfurter Spar- und Bauverein. In dem von 1898 bis 1912 durch den Verein im „Auengrund" (Auenstraße/Adalbertstraße) errichteten Quartier fanden 326 Arbeiterfamilien ein bezahlbares Zuhause mit sozialer Infrastruktur.

Der Aufstieg zur Industriegroßstadt machte Erfurt also zur pulsierenden Metropole Thüringens, zum Zentrum von Metall- und Textilindustrie mit zahlreichen weiteren dynamischen Wirtschaftszweigen. Die Infrastruktur wurde durchgreifend modernisiert, es herrschte nahezu Vollbeschäftigung. Zugleich hatte diese Entwicklung aber auch die soziokulturelle und politische Spaltung in Bürgertum und Arbeiterschaft zur Folge. Die Vorherrschaft übte das Bürgertum mit seiner honorigen Führungsschicht von „Besitz und Bildung" aus, angelehnt an die staatlichen Eliten des Kaiserreiches und durchdrungen von national-antisozialistischen Überzeugungen. Die von der SPD geführte Arbeiterschaft dagegen forderte lautstark politische und soziale Gleichberechtigung ein. Blieb es auch im Kaiserreich noch weitgehend ruhig, so lagen doch die Spannungen schon in der Luft, die sich nach dem Ersten Weltkrieg entladen sollten.

VII.
Weimarer Republik

Der Erste Weltkrieg (1914–1918) wird häufig als das Ende des „alten Europa" und des bürgerlichen Zeitalters bezeichnet. Die gesellschaftlichen Frontstellungen in den Industriegesellschaften kamen zum Ausbruch, sozialer Abstieg und ideologische Radikalisierung prägten das Bild. Der Krieg schuf damit die Voraussetzungen für das „Zeitalter der Extreme" (Eric Hobsbawm) mit Gewalt, Bürgerkrieg und zwei Diktaturen im 20. Jahrhundert. Auch in Erfurt hatte sich im August 1914 die gewitterschwüle Atmosphäre über Europa zunächst in der Euphorie des Kriegsbeginns entladen. Die Presse überschlug sich in Treuebekenntnissen zu Kaiser und Vaterland. Zahlreiche Freiwillige meldeten sich bei den Einheiten der Garnison, dem 3. Thüringischen Infanterieregiment Nr. 71, dem 1. Thüringischen Feldartillerie-Regiment Nr. 19 und dem Jägerregiment zu Pferde Nr. 6. Der „Geist des August 1914" wurde für viele Erfurter zum unvergesslichen Erlebnis. Neben die patriotische Haltung des Bürgertums trat die Bereitschaft zur Landesverteidigung durch die von der SPD geführte Arbeiterschaft.

Der Krieg wirkte sich jedoch rasch auf das alltägliche Leben der Menschen aus. Der expandierenden Rüstungsindustrie stand die drastische Reduzierung kriegsunwichtiger Gewerbe gegenüber. 1917 arbeiteten bis zu 42.000 Arbeiter in rund 650 Rüstungsbetrieben – Erfurt war eines der größten deutschen Rüstungszentren geworden. Zahlreiche Einwohner erlebten dabei einen dramatischen sozialen Abstieg. Neben den 3.579 gefallenen Erfurter Soldaten forderten Unternährung, Krankheit, Epidemien und Kälte große Opfer. Hinzu traten die enormen Belastungen als Garnisonsstadt. Die Massen verwundeter Soldaten machten eine vorzeitige Eröffnung des neuen Hauptfriedhofes 1914 nötig. Die Stimmung wandelte sich so zu einer wachsenden Kriegsmüdigkeit, insbesondere in der

Arbeiterschaft. Die Haltung der SPD, Zugeständnisse des Staates und die strenge Kriegsgesetzgebung verhinderten jedoch lange eine offene Auflehnung. Über die Haltung zum Krieg spaltete sich die SPD. 1917 wurde die USPD (Unabhängige SPD) in Gotha gegründet. Erfurt gehörte zu den Hochburgen der neuen Partei. Mit der russischen Revolution im November 1917 erhielt die linke Arbeiterbewegung weiter Zulauf.

Im Ersten Weltkrieg wurde Erfurt zu einer der größten Rüstungsschmieden Deutschlands. Die Bevölkerung hatte unter zunehmenden Entbehrungen zu leiden.

Die bürgerliche Honoratiorenschaft und ihre Presse standen demgegenüber bis zuletzt hinter der Verteidigung des Vaterlandes und ausgreifenden Kriegszielen. Die nationale Opferbereitschaft zeigte sich etwa in den hohen Kriegsanleihen. Ein Symbol war der „eiserne Landsturmmann“ im Stadtmuseum. Jeder Kriegswohlfahrts-Spender durfte einen Nagel in die Holzfigur einschlagen. Siegeszuversicht drückte sich in der Feier militärischer Erfolge und bei Feiertagen aus. Der Optimismus wurde auch durch das 1914 errichtete Kriegsgefangenenlager („Franzosenlager“) mit bis zu 15.000 Insassen am Johannesplatz genährt. All dies entsprach aber zunehmend nicht mehr der realen Kriegslage. Deutschland und seine Hauptverbündeten Österreich-Ungarn und das Osmanische Reich waren der von Frankreich, Großbritannien, Russland und den USA (seit 1917) geführten Entente materiell und strategisch unterlegen. Als auch das Ausscheiden des revolutionären Russlands aus dem Krieg und die große deutsche Offensive an der Westfront 1918 keine Wende mehr brachten, war der Krieg nicht mehr zu gewinnen.

Im November 1918 wurde Erfurt von der revolutionären Welle erfasst, die in den Marinehäfen Kiel und Wilhelmshaven ihren Ausgangpunkt hatte. Die Matrosen hatten sich dem Befehl widersetzt, zu einer letzten Schlacht gegen die überlegene britische Flotte auszulaufen. Am 9. November erreichte die Revolution Berlin, wo der Sozialdemokrat Philipp Scheidemann die Republik ausrief und sein Parteivorsitzender Friedrich Ebert Reichskanzler wurde. Die Monarchie war gestürzt, SPD und USPD übernahmen mit dem Rat der Volksbeauftragten die Staatsführung. Noch aber schien offen, welchen Weg die Entwicklung in Deutschland nehmen würde – den einer demokratischen Republik oder den einer Räterepublik nach russischem Vorbild, wie sie die äußerste Linke unter dem Spartakusbund bzw. unter der am 1. Januar 1919 gegründeten Kommunistischen Partei Deutschlands (KPD) anstrebte.

Keimzellen der Erhebung in Erfurt waren die Belegschaften der großen Metall- und Rüstungsbetriebe sowie die Garnison. Am Nachmittag des 8. November begannen die Arbeiter der Maschinenfabrik Hagans in Ilversgehofen und der Gewehrfabrik im Brühl den Ausstand. Von Arbeitern weiterer Betriebe begleitet, zogen sie durch die Stadt und sammelten sich am Abend im Tivoli, wo man einen Arbeiterrat bildete. Von der Erhebung wurde auch die Garnison mitgerissen. Am Vormittag des 9. Novembers versammelte sich auf dem Domplatz laut „Tribüne" eine „nach mehreren Tausenden zählende Menschenmenge". Der Arbeiter- und Soldatenrat (ASR) unter Paul Reißhaus (SPD) verkündete die Ziele der Revolution, bemühte sich aber auch um eine Beruhigung der Situation. Viele Arbeiter sahen die Revolution am Ziel, da nicht nur die Monarchie gestürzt worden war, sondern auch alte Forderungen aus dem Erfurter Programm wie der Achtstundentag umgesetzt wurden. Der ASR begnügte sich mit der Kontrolle der Stadtverwaltung und des Regierungspräsidenten. Endgültig bestätigt sah sich der Rat durch die Entscheidung des Berliner Reichsrätekongresses vom 19. Dezember 1918 für die Wahlen zur Nationalversammlung und damit für eine demokratische Republik.

Mit der Novemberrevolution 1918 wurde Deutschland zur Republik und auch auf lokaler Ebene wurde eine durchgreifende Demokratisierung verwirklicht.

Die Honoratiorenschicht der Stadt erkannte die neuen Verhältnisse nach der Novemberrevolution an. Hieraus sprach auch die Ohnmacht der Bürger, die um ihre privilegierte Stellung, ihren Besitz oder gar um ihr Leben fürchteten. In dieser Situation bot die Haltung des Arbeiter- und Soldatenrates einen Lichtblick. Im Zusammengehen mit der gemäßigten Sozialdemokratie gegen die Gefahr einer „bolschewistischen" Räterepublik sah das Bürgertum eine Zukunftschance. Es sammelte sich schnell in neuen Organisationen wie dem Bürgerrat. Die losen Honoratiorenparteien schienen zudem den aktuellen Aufgaben nicht mehr gewachsen zu sein, galt doch in der Weimarer Republik erstmals auf allen Ebenen ein freies Wahlrecht für Männer und Frauen ab 21 Jahren. Zunächst kam es zur mehrheitlichen Sammlung in der Deutschen Demokratischen Partei (DDP). Diese liberale Bürgerpartei sollte gemeinsam mit der SPD ein demokratisches, sozial ausgesöhntes Deutschland aufbauen. Ende 1918 bildeten sich auch Ortsgruppen der rechtsliberalen Deutschen Volkspartei (DVP) und der konservativen Deutschnationalen Volkspartei (DNVP). Die Zentrumspartei blieb politischer Repräsentant der katholischen Minderheit.

Die Wahlen zur Nationalversammlung am 19. Januar 1919 bildeten einen ersten politischen Stimmungstest. Im Reich erzielten die republiktreuen Parteien der sogenannten Weimarer Koalition aus SPD, DDP und Zentrum rund 78%. Das Konzept des politisch-gesellschaftlichen Ausgleichs fand auch in Erfurt großen Widerhall, weit mehr als die Hälfte der bürgerlichen Stimmen (21,8%) entfiel auf die DDP. Zusammen mit der SPD (21,2%) gewannen die Befürworter der neuen Republik 43% der Wählerstimmen. Schwer abzuschätzen war die zukünftige Haltung des Wahlsiegers USPD (37,3%), dessen Mitglieder sich aber doch zu großen Teilen noch immer als Sozialdemokraten verstanden. Die Honoratiorenparteien DVP und DNVP erreichten immerhin 13,8%. Die erste deutsche Republik schien also in Erfurt durchaus eine Basis zu besitzen, wenngleich die politisch-gesellschaftliche Radikalisierung unverkennbar voranschritt.

Der Kapp-Putsch 1920 war der blutige Höhepunkt im Bürgerkrieg zwischen Arbeiterschaft und Bürgertum. Auf dem Petersberg versammelten sich Bürgerwehr und Militär.

Blieb Erfurt von bürgerkriegsähnlichen Auswüchsen vorerst verschont, wie sie Berlin, München, das Ruhrgebiet, aber auch das benachbarte Gotha erlebt hatten, so loderte während des Kapp-Putsches 1920 die Glut endgültig zum offenen Feuer auf. Die im Februar 1919 gegründete Bürgerwehr sowie die Einheiten von Reichswehr und Sicherheitspolizei glaubten sich mit dem Beginn des Putsches am 13. März 1920 gegen die bewaffnete Arbeiterschaft verteidigen zu müssen. Zwar war deren Generalstreik eine Antwort auf den reaktionären Putschversuch um Wolfgang Kapp und General Lüttwitz in Berlin, doch fürchteten die meisten Bürger, dass die Revolution nun mit Gewalt weitergetrieben werden solle. Bezirksbefehlshaber Oberst Fritz von Selle ließ Regierungsgebäude, Anger und Hauptpost besetzen und baute den Petersberg zur Verteidigungszentrale aus. In dieser angespannten Situation eröffnete am Mittag des 15. März die Sicherheitswehr auf dem Anger das Feuer auf die Menge, zwei Tote und zwölf Verwundete waren zu beklagen. Bald kam es zu weiteren Zusammenstößen. Am Ende der

Putschzeit belief sich die Opferbilanz auf acht Tote und 79 zum Teil Schwerverletzte.

Vertreter der gegensätzlichen politisch-sozialen Richtungen der Stadt radikalisierten sich nun nachhaltig. Arbeiter und Bürger waren jetzt Feinde, vor denen man sich wie im Krieg verschanzte. Ebenso wie die Arbeiterschaft den Beschwichtigungsversuchen der SPD immer weniger Gehör schenkte, wurde auch die Bürgerschaft in den Sog der gewaltsamen Polarisierung hineingezogen. Zunächst kam dies den Rechtsparteien DVP und DNVP zugute. Sie gewannen die politische Hegemonie zurück. Bei der Reichstagswahl vom 6. Juni 1920 erreichte das bürgerlich-nationale Lager in Erfurt erstmals eine Mehrheit von rund 54% der Stimmen (DVP 18,9%, DNVP 20,5%). Die DDP dagegen brachte jetzt kaum mehr ein Zehntel der Wähler hinter sich. Hiermit korrespondierte der Anhängerverlust der gemäßigten SPD (6,8%). Neben der noch immer vorherrschenden USPD (36,3%) trat erstmals die KPD hervor (2,6%).

Die Anfechtungen seit dem „Umsturz" ließen die Bürger überwiegend zu ihren alten Überzeugungen zurückkehren. Mit der sogenannten Dolchstoßlegende übertrug man die Verantwortung für die Kriegsniederlage und den verhassten Versailler Friedensvertrag vom 28. Juni 1919 an die politische Linke und die Demokratie. Die fehlende innere Bindung an die neue Republik zeigte sich im Festhalten an alten Feiertagen und Ritualen. Die neuen Reichsfarben Schwarz-Rot-Gold lehnte man überwiegend ab und flaggte lieber Schwarz-Weiß-Rot wie zu Kaisers Zeiten. Persönlichkeiten wie der Weltkriegsgeneral und „Ersatzkaiser" Paul von Hindenburg wurden zu neuen Leitfiguren. Indiz für das Aufrechterhalten des Monarchismus war die Affäre um den „falschen Prinzen" Harry Domela 1926. Der arbeitslose Baltikumdeutsche hatte sich als preußischer Prinz ausgegeben und auf Kosten reicher Bürger in Georg Kossenhaschens Luxushotel „Erfurter Hof" Gesellschaft gehalten.

Die wachsende Konfrontation der beiden Lager wurde nun auch im Rathaus immer deutlicher sichtbar. Die Wahl vom 2. März 1919 hatte aus der unpolitischen Honoratiorenrunde einen parlamentarischen Kampfplatz gemacht. Die Arbeiterparteien USPD (22) und SPD (9) besaßen mit 31 von 60 Stadtverordneten eine knappe Mehrheit. 13 Demokraten standen im bürgerlich-nationalen Lager die 16 Vertreter der Bürgerlichen Vereinigung (BV) aus DNVP (8), DVP (4) und Zentrum (4) gegenüber. Die oft unspektakulären Entscheidungen boten allerdings trotz aller Feindseligkeit Raum für Kompromisse. Dies kam etwa in der einstimmigen Wahl des Oberbürgermeisters Bruno Mann am 11. Oktober 1919 zum Ausdruck. Der liberale Jurist leitete die Geschicke der Stadt über alle Krisen hinweg bis zu seiner Verdrängung aus dem Amt durch die Nationalsozialisten 1933.

Die gesellschaftliche Radikalisierung der Nachkriegszeit schlug sich auch am äußersten rechten politischen Rand nieder. Die im Oktober 1922 gegründete Ortsgruppe der Nationalsozialistischen Deutschen Arbeiterpartei (NSDAP) besaß allerdings nur einen geringen Anhang und verschwand nach ihrem Verbot infolge des gescheiterten Münchner Hitlerputsches vom 9. November 1923 zunächst von der Bildfläche. Beim politischen Mobilisierungsprozess der 1920er-Jahre spielten dagegen die neuartigen Wehrverbände eine tragende Rolle. Auf bürgerlich-nationaler Seite ragten der „Stahlhelm – Bund der Frontsoldaten“ und der „Jungdeutsche Orden“ (Jungdo) heraus, ihnen standen das sozialdemokratisch-republikanische „Reichsbanner Schwarz-Rot-Gold“ und der kommunistische „Rote Frontkämpferbund“ gegenüber.

Hintergrund der politischen Radikalisierung war die schwere wirtschaftlich-soziale Krise nach dem Kriegsende. Schon das gedämpfte Bevölkerungswachstum macht dies deutlich. Die Stadt wuchs seit 1919 bis zum Ende der Weimarer Republik 1933 um 15.000 auf 145.000 Einwohner, was einen Anstieg von 10,2 Prozent darstellt – im selben Zeitraum vor dem Krieg waren es noch 52,7 Prozent. Dabei nahm die Entwicklung in Erfurt noch einen vergleichsweise moderaten Verlauf. Die Stellung als thüringisches Wirtschafts-, Verkehrs- und Verwaltungszentrum konnte behauptet werden. Metall- und Bekleidungsindustrie wurden wieder auf zivile Produktion umgestellt und konnten ihre Beschäftigtenzahlen halten. So ging aus der Gewehrfabrik im Brühl einer der größten Schreibmaschinenproduzenten Europas hervor, die spätere Olympia/Optima. Dennoch war diese Zeit von ökonomischen Zwängen und bitterer sozialer Not geprägt, die in der Inflation gipfelte. Sie erreichte am 15. November 1923 ihren Höhepunkt, der Dollar war jetzt 4,2 Billionen Mark wert. Neben den Auswirkungen auf die Wirtschaft zeitigte der rasante Währungsverfall auch tiefe soziale und psychologische Folgen in der Bevölkerung, gerade in kleinbürgerlichen Schichten.

1924 begannen die Goldenen Zwanziger. Sie waren geprägt von einem wirtschaftlich-städtebaulichen Aufschwung und einem bedeutenden Beitrag Erfurts für die moderne Kunst.

Ab 1924 setzte jedoch eine deutliche wirtschaftliche Erholung ein, die als Goldene Zwanziger in die Geschichte einging. Neue Behörden und Einrichtungen wirkten sich positiv auf die Stadtentwicklung aus wie das Landesarbeitsamt für Mitteldeutschland von 1927 oder die Pädagogische Akademie von 1929. Die Rückgewinnung der Garnison (Reiterregiment Nr. 16) im Jahre 1925 wurde sehr begrüßt. Auch die städtebauliche Entwicklung nahm ab 1924 wieder einen deutlichen Aufschwung, der Wohnungsmarkt entspannte sich. Erfurt trat stärker als Planer und Bauherr hervor. Um Defizite der Gründerzeit auszugleichen, galt es nun, „eine gesunde, organisch gegliederte und aufgelockerte Stadt“ zu schaffen. Die Industrie wurde konsequent in ihre Areale verwiesen. Hinzu kam der Anspruch, als thüringische Metropole und Fremdenverkehrsstadt stärker an Profil zu gewinnen.

Unter den großen Projekten ragten das Stadion („Mitteldeutsche Kampfbahn“, 1931) und der Nordpark mit dem Nordbad (1925/29) hervor. Es entstanden moderne Klinikneubauten, Schulen und Wohnheime. Die Stadterweiterung erfolgte jetzt konzentrisch. Zum

Der Flughafen am Roten Berg läutete ein neues Kapitel der Verkehrsgeschichte ein und stand für die Aufbruchstimmung der Goldenen Zwanziger.

einen errichtete man „Gartenstadt"-Siedlungen mit Eigenheimen an der Peripherie der Stadt. Hinzu kam Wohnungsbau im Bauhausstil wie die neuen Quartiere im Hanse-Viertel sowie öffentliche und Gewerbebauten. Weiterhin zeichneten sich die Goldenen Zwanziger durch eine dynamische Verkehrsentwicklung aus. An erster Stelle ist der anschwellende Automobilverkehr zu nennen. 1931 wurde die Stadt Knotenpunkt der neuen Reichsstraßen 4 und 7. Andererseits war das Auto ein wichtiger Wirtschaftsfaktor. Aber auch die Straßenbahn, seit 1921 in städtischer Regie, erweiterte Fuhrpark und Streckennetz, errichtete 1930 in der Nordhäuser Straße ein zweites Depot. Buslinien vergrößerten das Einzugsgebiet. Schließlich stellte der 10. Mai 1925 mit der Einweihung des Flugplatzes am Roten Berg „den seit Jahrzehnten wichtigsten Tag" für die Erfurter Verkehrsentwicklung dar („Thüringer Allgemeine Zeitung").

Erfurt spielte auch im Kulturleben der Weimarer Republik eine weithin beachtete Rolle. Es stand nicht nur in regem Austausch mit dem Weimarer Bauhaus, sondern entwickelte sich selbst zu einem Brennpunkt moderner Kultur. Das Städtische Museum konnte unter den Direktoren Edwin Redslob, Walter Kaesbach und Herbert Kunze dank der Unterstützung des jüdischen Schuhfabrikanten Alfred Hess eine der bedeutendsten Sammlungen des Expressionismus in Deutschland aufbauen. Obwohl die Sammlung im Zuge der NS-Diktatur 1937 weitgehend zerstört wurde, erinnern der Heckel-Raum mit dem Wandmalereizyklus „Lebensstufen" (1922/24) und einige hochkarätige Kunstwerke im Angermuseum an diesen kulturellen Höhenflug. Hess bot auch privat avantgardistischen Künstlern wie Max Beckmann, Erich Heckel, Wassily Kandinsky, Emil Nolde, Max Pechstein, Karl Schmidt-Rottluff, Lyonel Feininger und Christian Rohlfs in seiner Villa in der heutigen Alfred-Hess-Straße ein gastliches Haus. Allerdings gerieten das Museum und sein Förderer rasch in die Schusslinien der Politik. Von den gemäßigten Kräften in Bürgertum und Arbeiterschaft unterstützt, lehnte das konservative Bürgertum die moderne Kunst der 1920er-Jahre entschieden ab. Vielmehr bot diese als vermeintliche „jüdisch-bolschewistische Entartungserscheinung" ein Feindbild, das Brücken zum Rechtsextremismus baute.

Mit dem Jahre 1924 setzte auch eine relative politisch-gesellschaftliche Beruhigung ein. Außenpolitisch schien es bergauf zu gehen. Eine positive Orientierungsfigur zumindest für das liberale Bürgertum war der angesehene Kanzler und Außenminister Gustav Stresemann, was der radikalen Rechten den Wind aus den Segeln nahm. Die Erfurter Bürgerschaft blieb in dieser Phase den beiden Rechtsparteien DVP und DNVP und der neuen mittelständischen „Wirtschaftspartei" treu, sowohl die Demokraten als auch die Völkisch-Rechtsextremen spielten keine nennenswerte Rolle. Zugleich schien sich das Verhältnis zu den Arbeitern und ihren Parteien zu normalisieren. Ohne Frage trugen die Erfolge der Rechtsparteien, insbesondere die Wahl Hindenburgs zum Reichspräsidenten 1925, hierzu bei. Die 1924 zurückgewonnene, wenn auch zersplitterte bürgerliche Mehrheit im Stadtparlament tat ihr Übriges. Im sozialistischen Lager lag die gemäßigte SPD in der Wählergunst wieder vor der revolutionären KPD.

Mit der Weltwirtschaftskrise 1929 endeten die Goldenen Zwanziger abrupt. Sie trug wesentlich zum Untergang der Weimarer Republik 1933 bei.

Diese relativ positive ökonomische und politisch-gesellschaftliche Entwicklung der Goldenen Zwanziger wurde durch die Weltwirtschaftskrise abrupt beendet. Ausgehend vom Sturz der Kurse an der New Yorker Börse im Oktober 1929 (Schwarzer Freitag) breitete sich in Europa eine katastrophale Wirtschaftskrise aus. Hauptleidtragende waren in Erfurt die Schlüsselindustrien Metall und Bekleidung. Diese Entwicklung erfasste zugleich den gewerblichen Mittelstand. Eine der schwerwiegendsten Auswirkungen der Weltwirtschaftskrise war das enorme Anschwellen des Arbeitslosenheeres, das in Deutschland Anfang 1933 die 6-Millionen-Grenze überschritt. Im Sommer 1932 war in Erfurt der Höhepunkt mit rund 20.000 (36,5 Prozent) erreicht – gut ein Drittel der Erfurter Erwerbstätigen war arbeitslos. Rund zwei Drittel von ihnen erhielten keine Arbeitslosenunterstützung. Die Bevölkerung war in immer breiterem Maße auf die Wohlfahrtspflege angewiesen. Von dieser Krisenstatistik nicht erfasst wurden Lohnsenkungen und Kurzarbeit.

Hinzu kam das schlagartige Abbrechen der städtebaulichen, kulturellen und politisch-administrativen Aufwärtsentwicklung. Die durch die Reichsreformdebatten der 1920er-Jahre erzeugten Hoffnungen auf die Hauptstadtrolle in einem Land „Großthüringen" oder Mitteldeutschland rückten in weite Ferne. 1920 war aus den acht ehemaligen Kleinstaaten das Land Thüringen („Kleinthüringen") mit der Hauptstadt Weimar entstanden, dem nach wie vor der preußische Regierungsbezirk Erfurt gegenüberstand. Dies betrachteten viele Zeitgenossen nur als eine Zwischenlösung für ein künftig vereintes Thüringen mit Erfurt als Hauptstadt – sei es als eigenständiges Land oder als preußische Provinz. Symbolisch für die fundamentale Krise jener Zeit stand das Scheitern der Pläne rund um das neue Stadion, wo neben Tribüne, Sporthalle und Schwimmstadion auch eine große Stadthalle geplant war. Die erst 1929 gegründete Pädagogische Akademie wurde 1932 geschlossen, ebenso kommunale Kultureinrichtungen. Ab 1930 konnte die Stadt wegen abnehmender Steuereinnahmen und explodierender Sozialleistungen den Haushalt nicht mehr ausgleichen, was zur Zwangsverwaltung durch einen preußischen Staatskommissar führte. Diese katastrophale Situation bildete den Hintergrund, vor dem sich die wieder radikalisierte politische Entwicklung bis zum Ende der Republik 1933 abspielte.

Am Beginn stand ein Paukenschlag. Am Montag, dem 18. November 1929 wurde in Erfurt ein Kommunalwahlergebnis offenbar, das für Schlagzeilen sorgte: „Erfurt begeht moralischen Selbstmord." Die Stadt wurde sofort zum Gespött der reichsweiten Presse: „Erfurt, Erfurt, wir fürchten, mit diesem Manne ist auch deine Ehr furt" („Münchener Zeitung"). Sieger der „Erfurter Skandalwahl" war Adolf Schmalix, Führer der Großdeutschen Freiheitsbewegung. Der vorbestrafte rechte Demagoge zog mit neun seiner Kampfgefährten als stärkste Fraktion in die 52-köpfige Stadtverordnetenversammlung ein. Der Aufstieg des Nationalsozialismus nahm in Erfurt einen skurrilen Umweg, der die politische Orientierungslosigkeit besonders des bürgerlichen Mittelstandes schlaglichtartig offenbarte. Bevor der völkische Privatpolitiker in Erfurt für Skandale sorgte, hatte er eine wechselvolle Karriere hinter sich gebracht. Nach der Novemberrevolution gehörte er zu den Aktivisten der Rätebewegung in Kiel und brachte es bis in den Dienst des Thüringischen Justizministeriums in Weimar. Nach seiner Entlassung 1923 wurde Schmalix kurzerhand vom Sozialdemokraten zum völkischen Nationalisten.

Der Rechtspopulist Adolf Schmalix machte Erfurt 1929 zum Gespött der reichsweiten Presse.

Im Frühjahr 1924 übersiedelte er in die Stadt Erfurt und gründete 1925 das Wochenblatt „Echo Germania". Zunächst versuchte sich Schmalix als Privatpolitiker, wie er in seinem autobiographischen Aufsatz „Mein Kampf" (1929) später ausführte. Wen er dabei ansprach, spiegelt sich in den Kommentaren seiner Gegner wider: „Bei Schmalix treffen sich Stammtischspießer, hysterische Frauenzimmer, Tütchenkrämer, völkische Bravos mit Zweizentimeterstirnen und andere politische Kapazitäten." Der kleinbürgerliche Charakter seiner Gefolgschaft schlug sich auch in der Stadtrats-Kandidatenliste 1929 nieder. Die Wahlergebnisse runden das Bild von der rechten Mittelstandsbewegung ab. Während Schmalix in der kleinbürgerlichen Ostvorstadt mit 28,8% sein mit Abstand bestes Ergebnis erzielte, blieb er im gutbürgerlichen Südwesten mit 16,2% sogar unter dem Stadtdurchschnitt von 17,8%, – ganz zu schweigen von den Arbeitervorstädten des Nordens.

Der schmalixsche Aufstieg zu einer der berüchtigtsten politischen Persönlichkeiten der Region stand zunächst im Zusammenhang mit den Interessen von Rechtsparteien und Wehrverbänden. Freilich wurde er rasch wieder zum Außenseiter. Insbesondere durch sein „Echo Germania" hatte er sich in seriösen Kreisen unmöglich gemacht. Schmalix wandte sich vorzugsweise an prominente Bürger und Geschäftsleute, die keine Skandale gebrauchen konnten. Erfüllten sie seine Forderungen, ließ er sie unbehelligt. Das „judenreine, überparteiliche, nationale Wochenblatt" schoss mit Vorliebe gegen jüdische Wirtschaftsbürger, Ausländer, Liberale. Allerdings schreckte es auch vor der Honoratiorenschaft nicht mehr zurück. Die Versuche, bekannten Honoratioren persönliche Schwächen, Unfähigkeit oder Korruption anzuhängen, rückten zunehmend in den Mittelpunkt. Die Reihe der Skandale und Prozesse war lang. Allein gegen Oberbürgermeister Bruno Mann wurden zeitweise vier Beleidigungsprozesse gleichzeitig geführt.

Was aber waren Schmalix' programmatische Fixpunkte? Im Mittelpunkt stand zeitübliche rechtsnationalistische Hetze. Zentraler Inhalt war der weitverbreitete Antisemitismus. Schmalix warf den Juden Kriegsgewinnler- und Schmarotzertum bis hin zur Weltverschwörung vor. Hierbei bediente er die alten Vorbehalte gegen den vermeintlich verhängnisvollen Einfluss der Juden in Deutschland. Beispielhaft hierfür kann der Artikel „Das verjudete Erfurt. Jüdische Industriebetriebe. Jüdische Handelsherren, Warenhäuser und Geschäfte“ von 1927 stehen: „Sieht man sich in der Erfurter Wirtschaft etwas genauer um, so muß man zum großen Bedauern feststellen, daß die wichtigsten und größten Betriebe und Geschäfte in den Händen der Juden sind. Die Juden besitzen in Erfurt mehr Hab und Gut als alle Erfurter Bürger zusammen, obwohl sie nur einen Bruchteil in der Bevölkerung ausmachen.“ Ins Zentrum rückte er das „Warenhaus-Problem“. Alle Register seiner Polemik zog Schmalix gegen das vom jüdischen Tietz-Konzern geführte Kaufhaus Römischer Kaiser am Anger. Das KRK, größtes Kaufhaus in Thüringen, hatte in den 1920er-Jahren durch moderne Angebots- und Werbeaktivitäten von sich Reden gemacht.

Jene Mischung aus nationalistisch-antisemitischer Demagogie, Mittelstandspopulismus und Konfrontation mit den bürgerlichen Eliten machte wohl das Erfolgsgeheimnis des „starken Mannes von Erfurt“ aus. Da sich Adolf Schmalix aber als völliger Fehlgriff erwies, rückten die Nationalsozialisten rasch als radikale Alternative in den Mittelpunkt des Interesses. Fortan war deren kometenhafter Aufstieg auch in Erfurt nicht mehr aufzuhalten. Allerdings dürfte dies wohl nicht in erster Linie auf ihre lokale Repräsentanz zurückzuführen sein. Vor der „Machtergreifung“ 1933 blieb sie eine recht blasse Erscheinung. Den Anhang übernahm man offenbar weitgehend von Schmalix, wie dieser 1932 eingestehen musste: „Seit dem Jahre 1929 war an einen Ausbau der Großdeutschen Volkspartei nicht zu denken, da der Nationalsozialismus alle Rechtskreise, mit Ausnahme der bewußt Konservativen, aufgesaugt hat. Die Großdeutsche Volkspartei zählt hauptsächlich Mittelständler und völkisch eingestellte Bürger zu ihren Anhängern. Viele Mittelständler wanderten in das nationalsozialistische Lager ab.“ Aber auch von den neuen Mittelstandsparteien liefen der NSDAP neue Anhänger zu.

Die Ursachen für den Aufstieg der NSDAP sind also kaum in ihrer kommunalen Rolle zu suchen. In der Tat waren es in den

Jahren ab 1929 die nationalen Themen, die auch auf die lokale Ebene entscheidend zurückwirkten. Hierbei dominierten die auf eine Revision des Versailler Vertrages drängende nationale Frage sowie die soziale Frage durch die Weltwirtschaftskrise. Von zentraler Bedeutung war die Kampagne gegen den Young-Plan 1929, der die Reparationen Deutschlands regeln sollte. Er ermöglichte es der Rechten von DNVP bis NSDAP, das Ansehen der die Republik bejahenden Kräfte einschließlich der DVP weiter zu mindern. Man verdammte die negativen Seiten des Vertrages, die hohen Jahresraten von etwa zwei Milliarden Mark und die lange Zahlungsfrist bis 1988. Die Reichstagswahl vom September 1930 hatte denn auch einen klaren Gewinner und Verlierer. Die NSDAP schaffte mit 18,3% auf nationaler Ebene den Durchbruch zur Massenpartei, in Erfurt kam sie auf 16,9%. Das Ergebnis der DVP dagegen schrumpfte auf 4,5%, in Erfurt musste sie gegenüber 1928 eine Halbierung von 18,3% auf 9,8% hinnehmen.

1930 begann auch in Erfurt der Aufstieg der NSDAP zur stärksten Partei. Zugleich verloren die traditionellen Bürgerparteien ihre Basis an die „Nazis".

Aber auch das lokale Geschehen blieb keinesfalls ohne Bedeutung. Markant hoben sich die Nationalsozialisten durch ihre Radikalität hervor. Das bürgerliche Milieu reagierte differenziert darauf. So sehr Presse, Honoratioren und politische Gegner das Auftreten insbesondere der paramilitärischen SA (Sturmabteilung) verwarfen, lag genau hier zugleich ein Anziehungspunkt. Die braunen Schläger setzten sich fast immer mit den Kommunisten auseinander und rückten so in die Rolle einer Bürgerwehr gegen die „rote Gefahr". 1932 erreichte der alltägliche Terror mit Schlägereien und Überfällen seinen Höhepunkt. Zugleich hatten sich die Nationalsozialisten durch das zeitweilige Bündnis mit der DNVP Ansehen verschafft. Dies veranlasste sogar einzelne Vertreter der Honoratiorenschaft dazu, sie zu unterstützen. So stellte Pumpenfabrikant Hans-James Schwade der SA sein Werksgelände für Übungen zur Verfügung. Auch in Justiz und Polizei gab es eine NS-freundliche Haltung. Große Teile des Bürgertums mussten zudem durch die Wirtschaftskrise drastische persönliche Einschnitte hinnehmen und wurden von einer fundamentalen Krisenstimmung erfasst. Die offensichtliche Erfolglosigkeit der bürgerlichen Parteien und des demokratischen Staates im Kampf gegen die Krise trug so zum Aufstieg der NSDAP bei, die mit ihrer dynamisch-jugendlichen Ausstrahlung Aufbruchstimmung verbreitete.

Die Honoratiorenparteien appellierten jetzt erfolglos an ihren schwindenden Anhang. In einem dramatischen Aufruf „Deutsches Bürgertum – erwache!" beschwor Stadtverordnetenvorsteher Franz Kammerzell (DVP) im März 1932, sich nicht durch eine „unübertrefflich geschickte Suggestivpropaganda" den Nationalsozialisten anzuschließen. Mit dem rapiden Akzeptanzverlust des alten Establishments griff jedoch die Ansicht um sich, jetzt könne nur noch Hitler „den Karren aus dem Dreck ziehen". Die Massenwirkung der NSDAP erfasste so auch die größte Stadt Thüringens. Während die alten Parteien in ihrer aktiven Tätigkeit immer stärker zurücktraten, entwickelten die Nationalsozialisten einen bemerkenswerten Aktionismus. Höhepunkt war die Großveranstaltung mit Adolf Hitler im Stadion am 26. Juli 1932. Diese „Riesenkundgebung", bei der 5.000 SA-Männer aufmarschierten, mobilisierte 60.000 Erfurter – so viele wie nie zuvor. Hitler bekam für seine Forderungen „brausenden Beifall": Wiederaufrichtung der Nation, Schaffung einer harmonischen Volksgemeinschaft, Beseitigung der „linken Gefahr" und der demokratischen „Parteienwirtschaft".

So kam es schließlich zu jenen überwältigenden Wahlsiegen, die das Überlaufen großer bürgerlicher Milieuschichten zu den Nationalsozialisten dokumentieren. Wie weit die Wählerschaft nach rechts abgedriftet war, zeigte sich bei den Reichspräsidentenwahlen im März 1932. In Erfurt gelang es dem Führer der NSDAP vor dem wiedergewählten Amtsinhaber Hindenburg, die Mehrheit zu erringen (Hitler 41,6%, Hindenburg 40%, Thälmann 17,6%). Die

Reichstagswahl vom Juli 1932 machte die NSDAP zur beherrschenden Partei, deren Erfurter Ergebnis von 42,2% noch die spektakulären 37,3% auf Reichsebene deutlich übertraf. Die „Erdrutschwahl“ zeigte zudem deutlich, dass die Bürgerparteien ihre Basis an die „Nazis“ verloren hatten. In den traditionellen Hochburgen der Bürgerparteien feierte die NSDAP ihre größten Siege, in der kleinbürgerlichen Ostvorstadt erreichte sie das Rekordergebnis von 60,1%. Dagegen behaupteten die Arbeiterparteien bei Gewichtsverschiebung zugunsten der Kommunisten (KPD 23,1%, SPD 14,4%) weitgehend ihre Positionen, blieben besonders im „roten Norden“ tonangebend. Im Rekordstimmbezirk Salinenstraße erzielten sie 82,8%.

Dennoch wurde ab Sommer 1932 alles von Hitlers Siegen übertönt. Die schier ausweglose Situation hatte den Glauben an die Republik weitgehend ausgelöscht. Auch die rechtsliberale Führungsschicht in Erfurt sah nun nur noch in einem autoritären Präsidialkabinett einen Ausweg: „Dieses neue alte Kabinett kann sich nur unter einer Voraussetzung halten: wenn es von Hindenburg, im Vertrauen auf die Machtmittel des Staats, zu einem Kampfkabinett nationaler Diktatur wird“ („Thüringer Allgemeine Zeitung“). Doch weder das Präsidialkabinett Franz von Papens (1932) noch das Kurt von Schleichers (1932/33) erfüllte diese Hoffnungen. Zugleich wuchs die oft aus purer Not und Zukunftsungewissheit geborene diffuse Überzeugung, dass es „einfach nicht mehr so weiter gehen könne“. In einer Predigt brachte es der Pfarrer der Hospitalkirche Otto Elze Ende 1932 auf den Punkt: „‚Es muß anders werden! So kann es nicht weitergehen im öffentlichen Leben, mit der Erwerbslosennot, im sozialen Leben, in der Verwaltung!‘ – so schreit es uns jede Unterhaltung, jede Versammlung, jede Zeitung in die Ohren. Wenn sich zwei Menschen auf der Straße begegnen, ist das der Inhalt ihres Redens. ‚Wenn nicht bald eine Wendung zum Guten kommt, dann geht's mit unserem Volk in den Abgrund hinein.‘“ Diese Wendung erhofften sich viele Erfurter schließlich von dem „nationalen Messias“ Adolf Hitler.

VIII.
Drittes Reich

Immer wieder wurde und wird die Frage gestellt, wie es in Deutschland zu einem NS-Staat kommen konnte, der blutigsten Diktatur der Weltgeschichte. Hierauf gibt es viele Antworten, wobei die unmittelbare Vorgeschichte einen Schlüssel zum Verständnis bietet. Die nationalsozialistische Herrschaft baute keineswegs allein auf Gewalt auf, sondern ebenso auf der Verführung durch die Utopie einer harmonischen nationalen Volksgemeinschaft mit einem charismatischen Führer an der Spitze. Nach den traumatischen Erfahrungen des verlorenen Weltkrieges und der Weimarer Republik versprachen sich zahlreiche Deutsche hiervon eine bessere Zukunft – und glaubten sie nach der „Machtergreifung" am 30. Januar 1933, der Ernennung Adolf Hitlers zum Reichskanzler, auch lange Zeit tatsächlich verwirklicht. Erfurt bildete hierbei keine Ausnahme.

Trotz aller bleibenden Vorbehalte, etwa gegen das brutal-pöbelhafte Auftreten der SA, die Judenverfolgungen oder den Kirchenkampf, fühlten sich viele Bürger nach 1933 in ihrer Option für die NSDAP bestätigt. Die Errichtung eines „ersehnten Ordnungsstaates in heißer Liebe zu unserem Vaterlande durch einen begnadeten Führer", wie es der konservative Stadthistoriker Johannes Biereye 1935 formulierte, wurde weithin bejaht oder zumindest hingenommen. Zudem schienen sich die Nationalsozialisten etwa am „Tag von Potsdam" am 21. März 1933 mit der symbolischen Verneigung Hitlers vor dem greisen Reichspräsidenten Paul von Hindenburg in die preußisch-deutsche Tradition einzuordnen. Das Einkehren von „Ruhe und Ordnung", der wirtschaftliche Aufschwung mit dem Verschwinden der Arbeitslosigkeit und die rasanten außenpolitischen Erfolge taten das Ihrige: 1935 Wiedereingliederung des Saarlandes und Wiedereinführung der Wehrpflicht, 1936 Besetzung des entmilitarisierten Rheinlands, 1938 Anschluss Österreichs und des

Sudetenlandes, 1939 Zerschlagung der „Resttschechei". All dies stärkte den Führer-Mythos ins teilweise Grenzenlose. Schon 1934 hieß es in der Erfurter Presse: „Was Bismarck begann, hat Hitler vollendet." Die freilich weit über den herkömmlichen Nationalismus hinausreichenden radikalen Ziele der NS-Bewegung, vor allem die Vernichtung der Juden und die Erlangung der Weltherrschaft – bereits in Hitlers „Mein Kampf" 1925/27 vage formuliert – wurden von den meisten Bürgern lange nicht wahrgenommen, unterschätzt oder verdrängt.

Das Propagieren eines nationalen Sozialismus durch die Nationalsozialistische Arbeiterpartei wiederum zielte auf die Arbeiterschaft, die nach wie vor in einem eigenen Milieu fest verwurzelt war. So galt es, gerade diese große Bevölkerungsgruppe mit „Zuckerbrot und Peitsche" in die neue Volksgemeinschaft zu integrieren. Der unmittelbar nach dem 30. Januar 1933 einsetzenden Zerschlagung der KPD-Organisation und Ermordung kommunistischer Funktionäre, der anschließenden Verfolgung von Sozialdemokraten und Errichtung eines provisorischen Konzentrationslagers in der Feldstraße 18 trat die Propaganda von der Versöhnung der Geistes- und Handarbeiter, die ideelle Aufwertung des Arbeiterstandes, das Versprechen besserer Arbeitsbedingungen und nicht zuletzt die rasche Beschaffung von Arbeitsplätzen in einer Zeit gegenüber, in der noch immer viele Erfurter ohne Anstellung waren.

Nach der Ernennung Adolf Hitlers zum Reichskanzler 1933 wurde die NS-Diktatur mithilfe von Machtmechanismen der Verführung und Gewalt errichtet.

Diese Machtmechanismen von Verführung und Gewalt wurden bei der Zerschlagung der Freien Gewerkschaften in einem propagandistischen Schachzug angewandt. Zunächst erhob man den 1. Mai 1933 erstmals zum staatlichen Feiertag und beging ihn gemeinsam mit den Gewerkschaften. Damit hatte sich ein alter Traum der Arbeiterbewegung erfüllt. Dass jene vermeintlich von Großkapital und Junkertum finanzierte faschistische Bewegung den

1. Mai zum „Ehrentag der deutschen Arbeit“ erklärte, dürfte das Weltbild zahlreicher Arbeiter ins Wanken gebracht haben. Der NS-Organisationsausschuss in Erfurt beschwor sie: „An die Stelle der marxistischen Solidarität der Klassen und des von jüdischen Drahtziehern gestifteten Klassenkampfes und Klassenhasses tritt zum ersten Mal in der deutschen Geschichte die Solidarität der Nation. Die ganze Nation wird an diesem Tage marschieren, in innerer, schicksalhafter Verbundenheit.“

Und der 1. Mai 1933 sollte zu einem wahrhaft gigantischen Massenereignis werden. Die Betriebe marschierten früh mit ihren Unternehmern an der Spitze zum Domplatz, wo sich um die 50.000 Männer versammelten. Von hier setzten sich schier endlose Kolonnen in Richtung Stadion in Bewegung. Die mitmarschierenden Gewerkschafter durften hierbei noch auf einen Platz in jener neuen Volksgemeinschaft hoffen, die der Zug verkörpern sollte. Den Höhepunkt des Tages stellte die Rundfunkübertragung der Berliner Maifeier im Stadion dar, wo sich die enorme Zahl von 100.000 Menschen – Erfurt besaß damals 145.000 Einwohner – versammelt hatte. In seiner abendlichen Rede beschwor der „Führer“ die Einigkeit der Deutschen über die alten „Klassenzerklüftungen“ hinweg. Die Suggestivkraft dieser in einem Fackelzug gipfelnden Veranstaltung spricht aus den Worten der „Thüringer Allgemeinen Zeitung“: „Man darf getrost auch sagen, daß fast die ganze Stadt zu dieser Zeit auf den Beinen war und daß Erfurt wohl noch nie eine derartige Kundgebung gesehen hat, an der alle, von den Spitzen der Behörden bis zum einfachen Arbeiter, im einenden Gefühl der Zusammengehörigkeit teilnahmen.“

Beeindruckt von den Ereignissen des Tages mag sich selbst mancher Gewerkschafter Illusionen über die eigene Zukunft gemacht haben. Doch schon am Morgen des 2. Mai besetzten Polizei und SA deutschlandweit alle Gewerkschaftshäuser und verhafteten Tausende Gewerkschaftsfunktionäre. In Erfurt wurden sie u.a. vom Gewerkschaftshaus („Volkshaus“) in der Johannesstraße durch die Stadt getrieben und in das Gefängnis auf dem Petersberg verschleppt.

Auch diese auf den Bestimmungen der „Reichstagsbrandverordnung“ vom 28. Februar 1933 basierenden Gewaltmaßnahmen waren von einem Versöhnungsappell an die Arbeiter begleitet. Man versicherte, dass die Gewerkschaften lediglich von ihrer „marxistischen Führung“ befreit werden sollten. Zugleich beließ man die Gewerkschaftsangestellten während der Aktion unbehelligt, die in die neue „Deutsche Arbeitsfront“ (DAF) wechseln durften. Jene Einheitsgewerkschaft sorgte mit ihrer Organisation „Kraft durch Freude“ (KdF) künftig wesentlich dafür, dass der Nationalsozialismus von immer mehr „Volksgenossen“ als sozial fortschrittlich empfunden wurde – hatte es ein staatlich organisiertes Freizeit- und Urlaubsprogramm für den „kleinen Mann“ bis hin zu Kreuzfahrten auf KdF-Dampfern und der massenwirksamen Sparaktion für den neuen Volkswagen (VW) doch bisher noch nie gegeben.

Die Zeit des Dritten Reiches war also in Erfurt wie in jeder anderen deutschen Stadt von der teils freiwilligen, propagandistisch geschickt gesteuerten, teils gewaltsamen Umgestaltung nahezu aller Gesellschaftsbereiche gekennzeichnet. Alle Parteien außer der NSDAP wurden 1933 verboten bzw. lösten sich auf. Die kommunale Selbstverwaltung, seit Jahrzehnten Domäne der bürgerlichen Honoratioren, fiel bis 1935 schrittweise der „Gleichschaltung“ zum Opfer. Von nun an „herrschten“, eingeordnet in die rivalisierenden Staats- und Parteihierarchien, die NS-Oberbürgermeister Theodor Pichier (1933–1935), Max Zeitler (1935/36) und Walter Kießling (1936–1945) in ihrem Machtbereich als „städtische Führer“. Sie wurden nur noch von ihren Beigeordneten und einem berufenen 23-köpfigen Ratsherrengremium, das die Stadtverordnetenversammlung ersetzte, „beraten“. Das Vereins- und Verbandswesen wurde verändert und gestrafft. Die in 14 Ortsgruppen unterteilte NSDAP-Kreisleitung Erfurt-Stadt unter dem Kreisleiter und Regierungspräsidenten Otto Weber (1935–1945) versuchte mit ihren „Gliederungen“ (Hitler-Jugend, NS-Bund Deutscher Technik, NS-Kulturgemeinde, NS-Lehrerbund usw.), die Menschen in allen Alters-, Berufs- und Interessengruppen zu erfassen.

Als Wirtschafts- und Verwaltungszentrum, als rasant wachsender Militär- und Rüstungsstandort sowie als einzige Großstadt Thüringens kam Erfurt im Aufbau- und Stabilisierungsprozess des Dritten Reiches erhebliche regionale Bedeutung zu. Im Stadtbild stehen noch immer die großen Kasernenkomplexe (Steigerkaserne, „Henne") und Verwaltungsbauten im NS-Stil wie der heutige Landtags-Altbau in der Arnstädter Straße (zeitweise Sitz der Gestapo) für jene Zeit. Darüber hinaus gab es aber kaum Ereignisse oder Einrichtungen, die Erfurt aus der „Normalität" der Diktatur herausgehoben hätten. War an eine Bedeutung für das Regime, wie sie die Reichshauptstadt Berlin, die „Hauptstadt der Bewegung" München oder die „Stadt der Reichsparteitage" Nürnberg besaßen, nicht zu denken, so bildete auch in Thüringen die Gauhauptstadt Weimar das repräsentativ im NS-Stil ausgebaute Machtzentrum. Denn Thüringen blieb zwar formal bis 1945 weiterhin in das Land Thüringen und den preußischen Regierungsbezirk Erfurt zweigeteilt, doch der maßgebende NSDAP-Gau unter Gauleiter Fritz Sauckel umfasste das ganze Gebiet, wodurch Weimar faktisch zur thüringischen Hauptstadt aufrückte.

Dementsprechend fanden die meisten Großereignisse in der nahen Klassikerstadt an der Ilm statt, für die Adolf Hitler zudem schon in den 1920er-Jahren eine besondere Vorliebe entwickelt hatte. Hin und wieder ließ der Reichsstatthalter und Gauleiter Sauckel das ungeliebte Erfurt teilhaben, so etwa beim Thüringer SA-Gautreffen im Juni 1933. Hier waren es wohl vor allem die erwarteten Menschenmassen, die für die wesentlich größere, über entsprechende Kapazitäten verfügende thüringische Metropole sprachen. Stolz vermeldete die Lokalpresse, dass es sich um „den größten SA-Aufmarsch" handelte, „der seit dem Siege der nationalen Erhebung in ganz Deutschland stattgefunden hat". Dieses Ereignis sollte zum Höhepunkt nationalsozialistischer Machtdemonstration und Massenmobilisierung in Erfurt werden. Angefangen mit der Verdoppelung der Einwohnerzahl an jenem Wochenende 17./18. Juni 1933 – „300.000 huldigen Hitler in Erfurt", so die Schlagzeile der „Thüringer Allgemeinen Zeitung" –, was eine beachtliche organisatorische Leistung bedeutete, sind fast alle obligatorischen Elemente zu finden: spektakuläres Einfliegen des „Führers" auf dem Flugplatz am Roten Berg; Aufmarsch von rund 60.000 SA-Leuten durch die Stadt und im zwei Jahre zuvor eingeweihten Stadion; Abnahme der Parade durch Hitler, Ungarns Ministerpräsident Gyula Gömbös, Justizminister Wilhelm Frick und Gauleiter Sauckel vor der Domkulisse; überall jubelnde, begeisterte Menschenmassen; nächtlicher Fackelzug und Feuerwerk; Ehrung des „Führers" mit Ehrenbürgerwürde und Eintrag ins Goldene Buch der Stadt.

Noch einmal trat Erfurt als Ausrichtungsort des 19. Deutschen Historikertages im Jahre 1937 hervor. Hierbei feierten die Teilnehmer den „Sieg der nationalsozialistischen Geschichtswissenschaft". In einer Festschrift versuchte der Volkskundler Martin Wähler im Sinne der „völkischen Geschichtsbetrachtung" ein „Charakterbild" des Erfurters auf Grundlage seiner rassischen Abstammung, seines Lebensraumes und seiner historischen Entwicklung zu entwerfen. Die meisten Erfurter Bildungsbürger freilich blieben bei aller grundsätzlichen Bejahung oder Hinnahme des nationalen

Adolf Hitler nahm auf dem Domplatz während des Thüringer SA-Gautreffens 1933, der größten Massenveranstaltung während des Dritten Reiches, die Parade ab.

„Ordnungsstaates" doch spürbar traditionellen Vorstellungen verpflichtet. Der Erfurter Geschichtsverein etwa lehnte 1933 die Übernahme des „Führerprinzips" ab, bestätigte den nicht der NSDAP angehörigen ehemaligen Gymnasialdirektor Johannes Biereye als Vorsitzenden und betrieb seine eher konservativen Studien ungebrochen weiter. Und es gab auch individuelle Courage, z. B. das loyale Verhalten Biereyes gegenüber dem aus Erfurt stammenden kommunistischen Politiker, Lehrer und Stadthistoriker Theodor Neubauer, der 1945 vom Volksgerichtshof zum Tod verurteilt wurde. Evangelische Geistliche der Stadt schlossen sich der kritischen „Bekennenden Kirche" an und der katholische Dompropst Freusberg versteckte 1938 die Thorarollen aus der zerstörten Synagoge.

Allerdings dürften diese durchaus beachtlichen Beharrungskräfte im Bürgertum die NS-Diktatur kaum gefährdet haben. Die tief verwurzelte Feindschaft gegenüber den Arbeiterparteien ließ es zudem den „linken", vor allem den aktiven Widerstand der Untergrund-KPD ablehnen. Wenn es auch bis zu einem gewissen Grad äußerliches Zugeständnis an den „Zeitgeist" gewesen sein mag, so blieben Huldigungen seitens angesehener Persönlichkeiten wie Johannes Biereye an den „begnadeten Führer", der Deutschland von den „roten Spartakus-Horden" befreit habe, doch Ausdruck einer weitverbreiteten Haltung. Diese schloss die Bereitschaft ein, die unübersehbaren Schattenseiten der nationalen Volksgemeinschaft zumindest passiv in Kauf zu nehmen. Dass hierzu auch drohende persönliche und berufliche Einschränkungen und die Einschüchterung durch den Terror von Gestapo und SS beigetragen haben, steht außer Frage.

Im Zweiten Weltkrieg (1939–1945) fühlten sich viele seit Generationen in nationalem Geiste erzogene Bürger in erster Linie dem Vaterland verpflichtet. Die beeindruckenden Erfolge der „Blitzkriegs"-Phase, gipfelnd im Frankreichfeldzug 1940, stärkten zunächst das Prestige des „Führerstaates". Später sorgten die kaum eine Familie verschonenden Opfer an den Fronten und im heimischen Luftkrieg häufig eher für verbitterte Entschlossenheit, was dem Regime ebenso wie die steigende Furcht vor einer Niederlage insbesondere gegen „den Russen“ zugutekam. Die Wirkung der geschickten Propaganda des Goebbels-Ministeriums über Presse, Wochenschau und Rundfunk verstärkte all diese Tendenzen bis zum Kriegsende am 12. April 1945, als US-Truppen Erfurt besetzten.

Zu den zumindest widerstandslos hingenommenen Schattenseiten des braunen „Ordnungsstaates“ gehörte von Beginn an der Antisemitismus. Die radikale Judenverfolgung der NSDAP wurde keineswegs allgemein begrüßt. Trotz tief sitzender Vorurteile gerade im Kleinbürgertum gab es durchaus auch Ablehnung, zumal einige Juden bis 1933 zur tonangebenden Honoratiorenschicht (Benary, Heß) gehört hatten. Die schrittweise Entrechtung, Verfolgung und Deportation der Juden geschah dennoch inmitten der Gesellschaft, ohne dass sich breiterer Widerstand gezeigt hätte. Den vermeintlichen Höhepunkt bildete auch in Erfurt die „Reichskristallnacht“ vom 9. November 1938, der u. a. die prächtige Synagoge am Kartäuserring (Juri-Gagarin-Ring) von 1884 durch Flammen zum Opfer fiel. Der Novemberpogrom war mit seinen Zerstörungen und Gewalttaten aber tatsächlich nur ein Vorgeschmack auf die „Endlösung der Judenfrage“, bei der die „Beseitigung“ der jüdischen „Schmarotzer“ und „Volksschädlinge“ zur unerlässlichen Voraussetzung für eine homogene nationale Gemeinschaft erklärt wurde.

Die Erfurter Firma J.A. Topf & Söhne baute die Verbrennungsöfen für Konzentrationslager wie Buchenwald und Auschwitz.

Wenn auch dieses größte Verbrechen des Nationalsozialismus, der industrielle Massenmord an Millionen politisch und rassisch ausgegrenzter Menschen, weit weg in den Vernichtungslagern des Ostens vonstattenging, war Erfurt doch zumindest mittelbar in das Geschehen eingebunden. Die ortsansässige Firma J.A. Topf & Söhne, führendes Unternehmen für Mälzerei-, Speicher- und Feuerungsanlagen, lieferte die Verbrennungsöfen für die

Konzentrationslager vom nahen Buchenwald bis hin zu Auschwitz. Ihre Ingenieure machten darüber hinaus „Verbesserungsvorschläge“ für die Gaskammern in Auschwitz – deutsche Wertarbeit für den Holocaust. Die Geschichte dieser ganz normalen deutschen Firma steht für den Beitrag von Gesellschaft und Wirtschaft, ohne den die monströsen Verbrechen des Nationalsozialismus nicht möglich gewesen wären. Seit 2011 weist hierauf der Erinnerungsort Topf & Söhne im ehemaligen Verwaltungsgebäude der Firma an der Weimarischen Straße hin.

Dem vergleichsweise glimpflichen Ausgang der Luftangriffe und Kampfhandlungen im Weltkrieg verdankt Erfurt sein bis heute in weiten Teilen erhaltenes historisches Stadtbild – der Zerstörungsgrad betrug „nur“ 5% (im Vergleich: Nordhausen 55%, Jena 15%). Gleichwohl hat der Krieg tiefe Wunden geschlagen. Rund 6.500 Bürger der Stadt verloren als Soldaten und Zivilopfer ihr Leben, geschätzte 1.600 davon starben durch die ab 1944 immer massiveren Bomberangriffe. Die etwa 1.100 Tonnen Bombenlast aus britischen und amerikanischen Flugzeugen zerstörte wichtige Kulturdenkmale wie große Teile des Augustinerklosters, das Collegium maius der Universität oder die Barfüßerkirche. Die von Westen vorrückenden amerikanischen Truppen wurden zudem am 11. und 12. April in opferreiche Gefechte um den festungsartigen „Ortsstützpunkt“ Erfurt verwickelt, da sich Kampfkommandant Oberst Otto Merkel weigerte, zu kapitulieren. Obwohl die schwachen Kräfte von Wehrmacht und „Volkssturm“ die US-Truppen vor keine größeren Probleme stellten, mussten noch einmal Dutzende Menschen für die aussichtslose Verteidigung der Stadt ihr Leben lassen. Erhebliche Zerstörungen kamen hinzu, darunter das Büromaschinenwerk im Brühl und die Gebäude am heutigen Angereck. Am 12. April ruhten in Erfurt die Waffen und die Amerikaner übernahmen die vollziehende Gewalt.

Am Ende des Zweiten Weltkrieges 1945 entkam Erfurt nur knapp der totalen Zerstörung durch englische Bomber.

Dass Erfurt zuvor nicht das Schicksal von Dresden, Köln oder Lübeck hatte teilen müssen, verdankte die Stadt der rasch vorrückenden 3. US-Armee, angetrieben vom legendären General George S. Patton. Die Truppen Pattons, gegenüber den US-Verbänden nördlich und südlich weit vorpreschend, hatten bereits am 4. April Gotha erreicht und lagen nun in Sichtweite Erfurts. Dieser Umstand bewahrte die Stadt vor dem sicheren Untergang. Als wichtiger Eisenbahnknotenpunkt und mit Blick auf die bevorstehenden Kampfhandlungen sollte Erfurt noch am 4. April gemeinsam mit Nordhausen bombardiert werden. 376 Bomber der britischen Royal Airforce standen aufgetankt und munitioniert auf dem Rollfeld, um laut Plan 8.45 Uhr ihre todbringende Last auf Erfurt abzuwerfen. Die dicht bebaute Innenstadt mit ihren vielen Fachwerkhäusern wäre unweigerlich zerstört worden, Tausende Menschen in der mit Flüchtlingen überfüllten Stadt hätten den Tod gefunden. Erst der Einspruch der US-Truppen, ihre Soldaten stünden bereits zu nahe vor Erfurt und könnten durch Fehlabwürfe gefährdet werden, führte zur Rücknahme des Angriffsbefehls. Welcher Katastrophe Erfurt damit buchstäblich in letzter Sekunde entkommen war, macht das Schicksal Nordhausens deutlich: Seine Innenstadt wurde am 3. und 4. April 1945 nahezu vollständig zerstört, wobei etwa 8.800 Menschen das Leben verloren.

IX.

DDR und friedliche Revolution

Der 12. April 1945 stellt eine der tiefen Zäsuren in der Erfurter Geschichte dar. Mit der Besetzung durch die US-Armee war der Zweite Weltkrieg für die Stadt beendet, auch wenn die Kampfhandlungen bis zur bedingungslosen Kapitulation Deutschlands am 8. Mai andernorts fortdauerten. An die Stelle existenzieller Bedrohung durch den Krieg traten nunmehr die Alltagssorgen der Nachkriegszeit und die Restriktionen der am 3. Juli 1945 einmarschierenden Sowjetbesatzer. Unter deren Protektion entfaltete sich allmählich die Herrschaft der Kommunisten bzw. der im April 1946 aus KPD und SPD gegründeten Sozialistischen Einheitspartei Deutschlands (SED). Jahren des schrittweisen Umbaus folgte in der am 7. Oktober 1949 ins Leben gerufenen DDR das radikale Zusteuern auf eine sozialistische Gesellschaftsordnung. Zugleich war die Nachkriegszeit nach den Schrecken der NS-Diktatur aber auch von der Hoffnung auf eine bessere Gesellschaft geprägt. Das Spannungsverhältnis zwischen der grundsätzlichen Bereitschaft zu einem Neubeginn nach der „Stunde null" 1945 und der wachsenden Ablehnung der SED-Diktatur prägte die ersten Jahre nach dem Krieg.

Demokratieverständnis und Machtanspruch der SED traten auch auf lokaler Ebene sehr rasch hervor, wie die Oberbürgermeister-Frage zeigt. Das langjährige NSDAP-Stadtoberhaupt Walter Kießling wurde zunächst auf Betreiben der Amerikaner vom parteilosen Geschäftsmann Otto Gerber abgelöst, an dessen Stelle unter den Sowjets im Juli 1945 der Kommunist und Buchenwald-Häftling Hermann Jahn sowie nach dessen Tod im Mai 1946 das SED-Mitglied Georg Boock traten. Die einzigen freien Kommunalwahlen vom 6. September 1946 gewannen jedoch die beiden Bürgerparteien, die liberale LDPD (41%) und die CDU (24%), während die

SED nur ein Drittel der Stimmen erringen konnte. Der rechtmäßig ins Amt gelangte neue Oberbürgermeister Paul Hach (LDPD) wurde daraufhin unter dem Vorwurf der Sabotage der Kohleversorgung verhaftet und erst nach dem Verzicht seiner Partei auf den OB-Posten wieder freigelassen. So gelangte Georg Boock erneut (bis 1961) an die Spitze der Stadtverwaltung – ein Vorgeschmack auf die folgenden Jahrzehnte der SED-Herrschaft im Erfurter Rathaus. Fortan amtierten bis 1989 nur noch SED-Oberbürgermeister: Rolf-Dietrich Nottrodt (1961–1969), Heinz Scheinpflug (1969–1982) und Rosemarie Seibert (1982–1989).

Bis 1949 wurde die SED-Herrschaft unter massiver Bekämpfung anderer politisch-gesellschaftlicher Kräfte weitgehend durchgesetzt.

Freilich hatten viele Menschen in den ersten Jahren nach dem Krieg ganz andere Sorgen, als sich um Politik zu kümmern. Das tägliche Ringen um rationierte Lebensmittel, Kohlen und Wohnraum sowie der Kampf gegen Seuchen und Krankheit standen im Vordergrund. Im April 1945 hielten sich zudem rund 37.000 Flüchtlinge in Erfurt auf. Sie mussten zusammen mit den noch folgenden bis zu 50.000 Heimatvertriebenen u.a. auf dem Petersberg, in Barackenlagern oder Schulen notdürftig untergebracht werden. Mancher von ihnen fand in Erfurt eine neue Heimat. Enttrümmerung und Wiederaufbau von Wirtschaft und Infrastruktur prägten trotz der vergleichsweise geringen Kriegszerstörungen lange das Stadtbild. Nicht weniger katastrophal war die mentale Situation in der Bevölkerung, die nach zwölf Jahren NS-Diktatur nun mit deren ungeheuerlichen Verbrechen konfrontiert wurde. Zumal unmittelbar nach deren Einmarsch sah man sich auch Übergriffen seitens der Sowjetsoldaten schutzlos ausgesetzt.

Mit dem Kriegsende 1945 veränderte sich für Erfurt auch das politisch-administrative Umfeld einschneidend. Die Regierungsgewalt war in Deutschland auf die vier alliierten Siegermächte

USA, Sowjetunion, Großbritannien und Frankreich übergegangen. Entsprechend den Beschlüssen der Konferenz von Jalta im Februar 1945 sollte Thüringen zur Sowjetischen Besatzungszone (SBZ) gehören, was im Juli 1945 – von vielen Erfurtern mit Bedauern, Angst oder gar Flucht quittiert – zum Abzug der Amerikaner und zum Nachrücken der Sowjetarmee führte. Unter der Oberhoheit der Besatzer wurde die föderale Struktur Deutschlands 1945 verändert, was u.a. zum Verschwinden Preußens von der Landkarte führte. Die Länderstruktur der alten Bundesrepublik basiert auf dieser Neugliederung ebenso wie die bereits von 1945 bis 1952 bestehenden heutigen „neuen" Länder Thüringen, Sachsen, Sachsen-Anhalt, Brandenburg und Mecklenburg(-Vorpommern). Für das 1920 gegründete Land Thüringen mit der Hauptstadt Weimar bedeutete dies die Einbeziehung des preußischen Regierungsbezirkes Erfurt sowie des Kreises Schmalkalden, sodass 1945 erstmals ein in etwa dem heutigen Territorium entsprechendes Thüringen entstand.

Logische Folge war das Bemühen der Erfurter, ihre alte Metropole und „heimliche Hauptstadt" nunmehr auch zur offiziellen Hauptstadt des neuen Thüringens zu machen. Nach der endgültigen, nun auch formalen Auflösung Preußens per Alliiertem Kontrollratsbeschluss im Februar 1947 waren zudem letzte Unsicherheiten beseitigt worden. In einer „Denkschrift über die Notwendigkeit, die Stadt Erfurt zur Landeshauptstadt mit dem Sitz der Landesregierung zu machen" bündelte man 1948 selbstbewusst seine Argumente: „Durch ihre hervorragende Bedeutung im mitteldeutschen Wirtschafts- und Kulturleben, ihre zentrale Lage im Verkehr, ihre landschaftliche Schönheit, ihren klaren städtebaulichen Charakter und ihren guten Ruf im In- und Ausland ist Erfurt zur Thüringischen Landeshauptstadt prädestiniert." Mit Unterstützung der Besatzungsbehörden ging so die Funktion der Landeshauptstadt ab 1948 schrittweise an Erfurt über. An der Arnstädter Straße wurde ein Verwaltungsgebäude der NS-Zeit, der heutige Landtagsaltbau, durch das umstrittene Regierungshochhaus („Eierkiste“) und weitere Neubauten zum Regierungssitz ausgebaut.

Zwischen 1948 und 1952 war Erfurt kurzzeitig Hauptstadt des Landes Thüringen in der Sowjetischen Besatzungszone bzw. DDR. Von 1952 bis 1990 war es Hauptstadt des Bezirkes Erfurt.

Eine Rolle bei der Verlagerung der Hauptstadt hatte auch Erfurts Charakter als Industriestadt mit großem proletarischem Bevölkerungsanteil gespielt. Es war damit im Sinne der marxistischen Ideologie geeigneter als das „reaktionäre“ Beamtenstädtchen und vormalige NS-Machtzentrum Weimar. Dennoch entsprach die Vorstellung, einer großen Mehrheit des Industrieproletariats gegen eine Minderheit kapitalistischer Unterdrücker zu ihrem Recht zu verhelfen, keineswegs den realen Verhältnissen. Nur rund 50 Prozent der Werktätigen gehörten der Arbeiterschaft an, und so mancher von ihnen dürfte sich nicht dem linken Arbeitermilieu zugerechnet haben. Die Kommunalwahl 1946 hatte gezeigt, wie groß das Potenzial der Vertreter anderer Gesellschaftsschichten war, hatten sich doch zwei Drittel der Erfurter für die christliche CDU und die liberale LDPD, traditionelle Partei des Bürgertums, des selbstständigen Mittelstandes, der Freiberufler, Beamten und Angestellten, entschieden. Hier lässt sich schlaglichtartig erahnen, welchen Rückhalt die SED tatsächlich in der Gesamtbevölkerung der Nachkriegszeit besaß. So ging man fortan nicht ohne Grund zur „Blockwahl“ mit vorher festgelegten Anteilen der Parteien und Massenorganisationen in den jeweiligen „Volksvertretungen“ über, womit die Vorherrschaft der SED gesichert war.

Dennoch hielt die Partei schon drei Jahre nach Staatsgründung den Zeitpunkt für gekommen, ihr sozialistisches Gesellschaftsmodell in der DDR umzusetzen. Da nunmehr auch die deutsche Frage mit der Verhärtung des Ost-West-Konfliktes geklärt schien, gab die sowjetische Schutzmacht der SED grünes Licht. Auf der II. Parteikonferenz im Juli 1952 rief Parteichef Walter Ulbricht unter dem Jubel der Delegierten den „Aufbau des Sozialismus" aus. Der Jubel im Lande blieb freilich sehr viel verhaltener. Für Erfurt brachte das zur Durchsetzung des „demokratischen Zentralismus" erlassene „Gesetz über die weitere Demokratisierung […] der staatlichen Organe in den Ländern der Deutschen Demokratischen Republik" vom 23. Juli 1952 zunächst einmal den Verlust der Position als Landeshauptstadt. Die föderalen Zwischengewalten der fünf Länder wurden zugunsten 15 kleinerer Bezirke faktisch aufgelöst, die noch stärker an den Willen der SED-Zentrale in Ostberlin gebunden wurden. Thüringen gliederte man in die Bezirke Erfurt, Gera und Suhl. Erfurt fungierte nunmehr für knapp vier Jahrzehnte als Bezirksstadt.

Freilich stellte die Minderung auf den Status einer Bezirksstadt für viele Erfurter nur ein vergleichsweise geringes Problem dar. Sehr viel mehr bewegten die anderen Maßnahmen, die seit der II. Parteikonferenz den „Klassenkampf" in Stadt und Land anheizten. Es folgten mit oft repressiven Mitteln die verstärkte Ideologisierung der Gesellschaft per Durchdringung möglichst aller Lebensbereiche, per Medien, Massenaufmärschen (1. Mai, „Republikgeburtstag" am 7. Oktober) und Prestigebauten, die völlige „Gleichschaltung" der Justiz mit drastischer Verschärfung des Strafrechts, die Militarisierung der Gesellschaft einschließlich Aufrüstung der Kasernierten Volkspolizei (KVP), dem Vorläufer der Nationalen Volksarmee (NVA), der Kampf gegen den gewerblichen Mittelstand, die Bevorzugung der Schwerindustrie zuungunsten der Verbrauchsgüterindustrie, die Durchsetzung von Produktivitäts- und Sparmaßnahmen, die Zwangskollektivierung der Landwirtschaft (Gründung von LPG) und vieles andere.

Selbst Maßnahmen wie die Förderung von Arbeiterkindern im Bildungswesen sorgten durch ihre rigide Umsetzung für viel böses Blut. Gerade hier konnten ganze Biographien nachhaltig beeinflusst werden. So manchem „bürgerlichen" Kind wurde trotz Eignung ein weiterführender Bildungsweg verwehrt. Zudem war seit 1945 ein großer Teil der Lehrer, die entweder der NSDAP oder einer ihrer Organisationen angehört hatten, durch notdürftig ausgebildete „Neulehrer" ersetzt worden. Die Einführung der einheitlichen zehnklassigen Polytechnischen Oberschule (POS) markierte schließlich 1959 den Endpunkt bei der Umformung des Schulwesens. In ähnlicher Form wie bei den Lehrern spielte sich der Elitentausch auch in anderen Bereichen, etwa in der Wirtschaft und Verwaltung, ab. Im Rahmen der als antifaschistisch-demokratische Umgestaltung deklarierten Prozesse rückten viele SED-nahe „Kader" in Führungsstellungen auf. Neben NS-Funktionsträgern verloren im Zuge der Entnazifizierung dagegen auch regimekritische Zeitgenossen nicht nur ihre Arbeit, sondern konnten ohne rechtsstaatliches Verfahren etwa im Sowjetischen Speziallager im ehemaligen KZ Buchenwald (1945–1952) verschwinden. Der zunehmend als offizielle Staatsideologie überhöhte Antifaschismus, symbolisiert in der nahen Gedenkstätte Buchenwald (1958), verlor so viel von seiner Überzeugungskraft.

1952 rückte die evangelische Kirche, insbesondere ihre Jugendorganisation Junge Gemeinde, in den Mittelpunkt einer heftigen Kampagne von Partei, Massenorganisationen und offiziöser Presse. Die SED wollte keine Konkurrenz für ihre Jugendorganisation FDJ (Freie Deutsche Jugend) mehr dulden und verleumdete die Junge Gemeinde als „Tarnorganisation für Kriegshetze, Sabotage und Spionage für die USA". Auch hier sollte sich ein erhebliches Konfliktpotenzial aufbauen, das nach dem „heißen" Kirchenkampf 1953 die wichtige Rolle der Kirche als einzige autonome gesellschaftliche Kraft sowie Trägerin und Rückzugsfeld oppositioneller Strömungen bedingte. Allerdings gelang es der SED langfristig, die einstige Hochburg des Protestantismus durch ein kirchenfeindliches gesellschaftliches Umfeld zu schwächen. Gab es 1945 etwa 80% Protestanten in der Lutherstadt Erfurt, so waren es an der Wende zum 21. Jahrhundert nur noch 14% (bei 7% katholischen Christen).

Der radikale „Aufbau des Sozialismus" führte zum Volksaufstand vom 17. Juni 1953. Nach dem Mauerbau 1961 arrangierten sich die meisten Menschen mit dem Leben in der DDR.

Der „Aufbau des Sozialismus" führte zum Volksaufstand des 17. Juni 1953, von dem auch Erfurt ergriffen wurde. Zwar gehörte die Stadt im Südwesten der DDR nicht zu den großen Zentren des Aufstandes wie Berlin oder in Thüringen Jena und die Wismut-Region um Gera. Dennoch gab es zahlreiche Streiks und Proteste. Polizei- und Geheimdienstberichte registrierten seit Monaten eine steigende Unruhe in der Bevölkerung, die bis zu Tätlichkeiten gegen Parteimitglieder und Volkspolizisten führen konnte. Vom 17. bis 19. Juni gab es Streiks in Betrieben wie Pels, der Schuhfabrik Thuringia, dem Funkwerk und dem Schreibmaschinenwerk Optima. Sie zielten meist auf die unpopuläre zehnprozentige Normenerhöhung in der Industrie und andere soziale Missstände. Auch die Straßenbahner und Bauarbeiter am Klinikum in der Nordhäuser Straße schlossen sich den Protestaktionen an. An vielen Stellen gab es Aufläufe, Diskussionen in Kneipen und lautstarke Unmutsbekundungen. Allerdings gelang es den Sicherheitsorganen einschließlich hinzugezogener Sowjetsoldaten, alle Aktionen einzugrenzen und eine gewaltsame Eskalation mit Todesopfern wie in anderen Städten zu verhindern. Ihr „energisches" Vorgehen samt Schießbefehl für die Polizei wurde später sogar als vorbildlich eingestuft. Von rund 300 Verhafteten im Bezirk Erfurt erhielten einige als vermeintliche „Rädelsführer" langjährige Gefängnisstrafen.

Der „17. Juni", umgedeutet zum „konterrevolutionären faschistischen Putschversuch", blieb bis zum Ende der DDR das ständige Menetekel der SED-Machthaber. Sie versuchten fortan, für ein Mindestmaß an Zufriedenheit in der Bevölkerung zu sorgen. Von den unmittelbaren Maßnahmen 1953 (Einstellung der Reparationen an die UdSSR, sowjetische Hilfslieferungen) bis hin zu Erich Honeckers „Einheit von Wirtschafts- und Sozialpolitik" (VIII. Parteitag 1971) wurde ein umfassender Sozialstaat gewährleistet, der freilich auch wesentlich zum Ruin der Staatsfinanzen beitrug. Der immer weiter aufgeblähte Unterdrückungsapparat, allen voran das Ministerium für Staatssicherheit (MfS, „Stasi"), „verfeinerte" seine Maßnahmen. Statt direkter, brutaler Zugriffe verlegte man sich zunehmend auf Überwachung und heimliche „Zersetzung" kritischer Persönlichkeiten. Seinen menschenverachtenden Charakter hat das MfS dabei nicht verloren, wie die 2012 eröffnete Gedenkstätte im ehemaligen Stasi-Untersuchungsgefängnis in der Andreasstraße beklemmend deutlich macht. Die Andreasstraße, in der sich auch die MfS-Bezirksverwaltung befand, wurde zu einer der gefürchtetsten Adressen in der Stadt.

Spätestens mit dem Mauerbau vom 13. August 1961 musste sich die Bevölkerung mit ihrer Situation arrangieren. Mit den Zugängen zu Westberlin war nach der bereits 1952 erfolgten Abschottung der Grenze zur Bundesrepublik das letzte Schlupfloch in den „Westen" beseitigt. Jenseits lebensgefährlicher Fluchtversuche über die Grenze, bei denen schätzungsweise 1.000 Menschen ihr Leben verloren, und bedrückender Ausreiseantrags-Prozeduren konnte man die DDR nicht mehr verlassen. Es entstand so für viele Menschen auch in Erfurt die „heile Welt der Diktatur" (Stefan Wolle), ein Leben in privaten oder kollektiven Nischen und beruflicher Pflichterfüllung. Beigetragen haben hierzu sicher auch ein spürbarer Anstieg des Lebensstandards seit den 1960er-Jahren und eine rundum gewährleistete soziale Sicherheit. Mitunter schien sogar eine gewisse Aufbruchstimmung aufzukommen, als etwa 1961 der „befreundeten" Sowjetunion der erste bemannte Weltraumflug gelang. 1963 jubelten Tausende Erfurter dem populären Kosmonauten Juri Gagarin bei seinem Besuch in der Bezirksstadt zu. Nicht in Abrede gestellt sei auch, dass mancher DDR-Bürger von den Ideen des Sozialismus überzeugt war und diese in „unserem Land" (Christa Wolf) in die Tat umsetzen wollte.

Am 19. März 1970 trafen sich Willi Stoph und Willy Brandt im „Erfurter Hof" zum ersten deutsch-deutschen Gipfeltreffen.

Eine der Grunderfahrungen war also die weitgehende Alternativlosigkeit zum Leben in der DDR. Dass man sich aber keineswegs völlig mit der Teilung der Nation und dem feindseligen Gegenüber der beiden deutschen Staaten abgefunden hatte, zeigt das bedeutendste Ereignis des 20. Jahrhunderts in Erfurt. „Willy Brandt ans Fenster!" – so riefen am 19. März 1970 Tausende DDR-Bürger den populären Bundeskanzler ans Fenster des Interhotels „Erfurter Hof". Als jener sich zeigte, brandete tosender Jubel auf. Zuvor hatte die Menge die Absperrungen von Volkspolizei und Stasi durchbrochen und den Bahnhofsvorplatz gestürmt. Brandt sollte sich noch 20 Jahre später in seinen Erinnerungen fragen: „Der Tag von Erfurt. Gab es einen in meinem Leben, der emotionsgeladener gewesen wäre?" Der Kanzler war zu weltweit mit großem Interesse verfolgten Gesprächen mit dem Vorsitzenden des DDR-Ministerrates Willi Stoph angereist. Der in Erfurt begonnene Dialog führte u. a. zum Grundlagenvertrag (1972) und der Aufnahme beider deutscher Staaten in die UNO (1973). Erfurt bildet damit nicht nur den Schauplatz des ersten deutsch-deutschen Gipfeltreffens, sondern auch der beeindruckendsten Demonstration nationalen Einheitswillens in der DDR zwischen dem 17. Juni 1953 und der friedlichen Revolution 1989. Die Szene vor dem „Erfurter Hof" offenbart die Hoffnungen, die Brandts Entspannungspolitik mit ihrem Motto „Wandel durch Annäherung" geweckt hatte – und die schließlich 1989 erfüllt wurden. Sie hat sich bei vielen Erfurtern tief eingeprägt. Seit 2010 verweist die Leuchtschrift „Willy Brandt ans Fenster" auf dem heutigen Geschäftshaus auf jenes Ereignis.

Erfurt entwickelte sich im Rahmen der Bedingungen in der DDR zu einer pulsierenden Bezirksstadt.

Erfurt nahm im Rahmen der DDR-Planwirtschaft eine dynamische Entwicklung. Große Teile der Wirtschaft waren bereits in den 1950er-Jahren verstaatlicht worden, woraufhin ein letzter Schub Anfang der 1970er-Jahre auch den gewerblichen Mittelstand weitgehend enteignete. Die traditionelle Industrie mit den Schwerpunkten Metall und Bekleidung wurde nunmehr im Rahmen zentraler staatlicher Pläne („Fünfjahrespläne") ausgebaut. Durch große Kombinate, Zusammenschlüsse Volkseigener Betriebe (VEB) einer Branche, gewann Erfurt weiter an Bedeutung. Der VEB Kombinat Umformtechnik „Herbert Warnke" (vormals Pels) stieg zum größten Pressenhersteller des „Ostblocks" auf; der VEB Schuhkombinat Paul Schäfer nahm eine ähnliche Position in der Bekleidungsindustrie ein. Der zum Robotron-Kombinat gehörende VEB Büromaschinenwerk Optima lieferte Schreibmaschinen in alle Welt. Der VEB Erfurter Mälzerei und Speicherbau (EMS, vormals Topf & Söhne) besaß weiterhin einen guten Ruf. Mit dem VEB Funkwerk und späteren VEB Kombinat Mikroelektronik „Karl Marx" sollte der Anschluss an internationale technologische Entwicklungen gehalten werden.

Die expansive Entwicklung spiegelt sich auch in der Bevölkerungszahl wider. Von 1949 bis 1972 stieg sie von 180.000 auf 200.000. 1989 lebten schließlich mehr als 220.000 Menschen in Erfurt. 1950 hatte sich das Stadtgebiet durch die Eingemeindung von Bindersleben, Bischleben, Dittelstedt, Gispersleben, Marbach, Möbisburg, Rhoda und Schmira von 61,2 auf 106,2 Quadratkilometer vergrößert. Das Wachstum zeigte sich insbesondere durch die neuen Wohnsiedlungen seit den 1950er-Jahren. Hierbei knüpfte man zunächst in traditioneller Bauweise an ältere Siedlungsprojekte wie im Tiergarten, Borntal oder in Daberstedt an. Einschneidend verändern sollte sich das Stadtbild mit den „Neubaugebieten" in Beton-Plattenbauweise. Ab 1966 entstand am Johannesplatz das erste Neubaugebiet, während parallel am Juri-Gagarin-Ring ebenfalls Plattenbauten als Teil einer noch viel weitgehender geplanten Umgestaltung der Innenstadt errichtet wurden. In den 1970er- und

1980er-Jahren wuchsen dann im Norden (Rieth, Berliner Platz, Moskauer Platz, Roter Berg) und Südosten (Herrenberg, Wiesenhügel, Drosselberg, Buchenberg) ganze Trabantenstädte, in denen schließlich knapp die Hälfte aller Erfurter lebte. Mit der „Platte" sollte das 1973 beschlossene Wohnungsbauprogramm als ein Kernpunkt der SED-Sozialpolitik realisiert werden.

Auch Verkehr und Infrastruktur wurden den neuen Gegebenheiten angepasst. Das Straßennetz erfuhr vor allem in den letzten zwei Jahrzehnten der DDR einen großzügigen Ausbau. Das kontinuierlich erweitere Straßenbahnnetz verband die Neubaugebiete mit der Innenstadt und den Industriebetrieben. Im Zentrum beschritten die Stadtplaner mit der Fußgängerzone rund um den Anger 1977 neue Wege. Dort befanden sich wichtige Dienstleistungseinrichtungen wie das Centrum Warenhaus (vormals Kaufhaus Römischer Kaiser, heute Anger 1). Am Juri-Gagarin-Ring entstand von 1969 bis 1979 mit finanziell bedingten Baupausen das stadtbildprägende Interhotel „Kosmos" (heute „Radisson") sowie am südlichen Ring bis 1984 die „Wohnscheibe" mit „Funktionsunterlagerungen". Diese massigen Bauten am Ring haben zusammen mit den Plattenbaugebieten die mittelalterlich geprägte Stadtsilhouette nachhaltig beeinträchtigt. In den Neubaugebieten errichtete man neben Schulen, Kindergärten und Kaufhallen auch große Wohngebietszentren und Einrichtungen wie das Kultur- und Freizeitzentrum am Moskauer Platz. Bereits 1956 hatte Erfurt mit dem umgebauten Militärflugplatz in Bindersleben einen neuen internationalen Flughafen anstelle des Flugplatzes am Roten Berg bekommen.

Seit den 1950er-Jahren gewann Erfurt auch mit neuen Hochschulen, Freizeiteinrichtungen und einem erfolgreichen Sportleben an Profil.

Im kulturell-wissenschaftlichen Bereich schlägt die Wiedererlangung des Status einer Hochschulstadt über 130 Jahre nach Schließung der Universität zu Buche. Zur größten der neuen

Bildungseinrichtungen sollte sich die Pädagogische Hochschule entwickeln. 1952 begannen die Arbeiten für eines der umfangreichsten Bauprojekte der Erfurter Stadtgeschichte, den Campus an der Nordhäuser Straße. Am 1. September 1953 nahm hier das Pädagogische Institut Erfurt seinen Lehrbetrieb auf. Der Komplex mit dem markanten Hochhaus wurde nach der Fertigstellung als „Sinnbild des sozialistischen Erfurt" gefeiert. 1969 erhob man die Einrichtung zur Pädagogischen Hochschule „Dr. Theodor Neubauer" Erfurt/Mühlhausen. Die PH zählte bis zu 2.500 Studenten. Leben und Lernen spielte sich auf dem heute denkmalgeschützten Campus mit Lehrgebäuden, Wohnheimen, Sporteinrichtungen, Kindergarten, Mensa und Studentenclub ab.

1954 folgte bereits die Medizinische Akademie Erfurt (MAE), die auf der östlichen Seite der Nordhäuser Straße vis-à-vis der PH den großzügigen Komplex der Städtischen Kliniken übernahm und Schritt für Schritt ausbaute. Diese Hochschule war den Medizinischen Fakultäten der Universitäten gleichgestellt. Bis 1989 absolvierten hier knapp 4.500 Studenten ihr praxisorientiertes Studium im klinischen Ausbildungsabschnitt. Die MAE nahm ihren Betrieb, so Gründungsrektor Egbert Schwarz, „im stolzen Vertrauen auf die große Tradition der Erfurter Universität" auf. Über vier Jahrzehnte pflegte man die Geschichte der Alma mater Erfordensis, deren erhoffte Wiedergründung freilich unter den Umständen des zentralistischen Hochschulsystems der DDR Illusion blieb. Ebenfalls in der Tradition der alten Universität sah sich das 1952 gegründete Philosophisch-Theologische Studium Erfurt. Diese katholische Hochschule war die einzige ihrer Art auf dem Gebiet der DDR.

Auch im Kultur- und Freizeitbereich konnte sich die Bezirksstadt mit neuen Einrichtungen weiterentwickeln. Der 1959 eröffnete Thüringer Zoopark am Roten Berg erwies sich sofort als großer Publikumsmagnet weit über die Stadtgrenzen hinaus. Dies galt erst recht für die 1961 eröffnete iga, die „Internationale Gartenbauausstellung der sozialistischen Länder". Auf dem Gelände um die

Mit der 1961 eröffneten Internationalen Gartenbauausstellung iga, dem heutigen egapark, konnte Erfurt seinen alten Ruf als Blumenstadt festigen.

Cyriaksburg hatte bereits 1950 die große Gartenschau „Erfurt blüht“ stattgefunden. Die Blumenstadt Erfurt sollte darüber hinaus auf Empfehlung des östlichen Wirtschaftsbündnisses RGW (Rat für gegenseitige Wirtschaftshilfe) und der DDR-Regierung zum Zentrum der Gartenbauausstellungen in der DDR werden. Auf dem großzügig in Richtung Westen erweitertem Areal eröffnete am 28. April 1961 die „iga ’61“. Nach erfolgreichem Start mit 3,5 Millionen Besuchern wurde die iga als größte Veranstaltung ihrer Art im „Ostblock“ verstetigt. Bis zu einem gewissen Grad konnte damit der durch die Weltkriege beeinträchtigte Ruf als Metropole des Gartenbaus wieder gestärkt werden. Zugleich war die iga für die Erfurter das beliebteste Freizeitareal ihrer Stadt, an dessen Errichtung sie im Rahmen des Nationalen Aufbauwerkes (NAW) wie beim Zoopark und anderen Projekten erheblichen Anteil hatten.

Im Kulturbereich genossen sowohl die Oper (in der heutigen Alten Oper) als auch das Schauspiel (im ehemaligen Schauspielhaus am Klostergang) einen guten Ruf. In der Großen Arche entstand ein Zentrum für Puppenspiel und Kabarett. Mit der Galerie am Fischmarkt, der heutigen Kunsthalle Erfurt, kam eine weitere renommierte Kunsteinrichtung hinzu. Die Erfurter Museumslandschaft, wurzelnd im 1886 eröffneten Städtischen Museum am Anger, konnte großzügig ausgebaut werden. Schließlich verfügte Erfurt über zahlreiche Spezialmuseen, allen voran das Angermuseum (Kunst), das Museum für Stadtgeschichte (heute Stadtmuseum), das Museum für Thüringer Volkskunde sowie das Gartenbaumuseum mit Nebeneinrichtungen. Das internationale Ansehen als Lutherstadt konnte im großen Gedenkjahr 1983 aus Anlass von Luthers 500. Geburtstag mit hochkarätigen Veranstaltungen und der Sanierung wichtiger Lutherstätten (Augustinerkloster, Georgenburse, Portal Collegium maius) geschärft werden. Im Sport profilierte sich Erfurt als internationales Leistungszentrum besonders im Schwimmen, in der Leichtathletik und im Radsport. Erfolgreichster Athlet war der Schwimmer Roland Matthes, mehrfacher Olympiasieger (1968, 1972) und Weltmeister. Im „König" Fußball errang Turbine Erfurt 1954 und 1955 den DDR-Meistertitel. Danach gelang es allerdings nicht mehr, nationale Spitzenplätze zu erobern. Erst in den 1980er-Jahren sorgte der 1966 in FC Rot-Weiß Erfurt umbenannte Club mit einer jungen offensivfreudigen Mannschaft wieder für Aufsehen im Georgi-Dimitroff-Stadion (heute Steigerwaldstadion).

Die stagnierende politische Entwicklung der 1980er-Jahre mündete 1989 in die friedliche Revolution.

Die beachtliche Entwicklung der Stadt Erfurt kann freilich nicht darüber hinwegtäuschen, dass sich all dies innerhalb eines totalitären politisch-gesellschaftlichen Systems abspielte, das immer deutlicher an seine Grenzen stieß. In den 1980er-Jahren ließ sich der Niedergang des „real existierenden Sozialismus“ nicht mehr übersehen. Er zeigte sich in Erfurt u. a. im Verfall großer Teile der Altstadt, in maroden Industrieanlagen und einer geschädigten Umwelt. In den Wintermonaten lag die Stadt oft unter einer Dunstglocke aus Braunkohleabgasen. Nur noch für Erheiterung sorgten die weltfremden Erfolgsmeldungen aus der Wirtschaft. So gab Erich Honecker bei der Übergabe des ersten Erfurter 32-Bit-Mikroprozessors am 14. August 1989 den „Pessimisten“ im Lande mit auf den Weg: „Den Sozialismus in seinem Lauf, [...] hält weder Ochs noch Esel auf.“ Es waren auch lokale Gegebenheiten, die den Unmut schürten. Hierzu gehörte etwa der begonnene Bau des „Hauses der Kultur“ am Hirschgarten – Prestigeobjekt von SED-Bezirkschef Gerhard Müller –, für den 1982 ein ganzes Stadtquartier abgerissen worden war. Auf zunehmende Kritik stießen auch die Pläne für den Abriss des Andreasviertels, durch das eine breite Straße mit Plattenbauten als Lückenschluss des Stadtrings gebaut werden sollte.

Solche Probleme waren in der DDR allgegenwärtig. Erstmals zeigte sich ein breiterer offener Widerspruch bei der gefälschten Kommunalwahl am 7. Mai 1989. Mit der Massenflucht von DDR-Bürgern über Ungarn im Sommer spitzte sich die Lage weiter zu. Einen Höhepunkt erreichte die „Wende“ mit der großen Leipziger Montagsdemonstration vom 9. Oktober. Die Sicherheitskräfte verzichteten gegenüber den friedlichen Demonstranten mit ihren Rufen „Wir sind das Volk“ und „Keine Gewalt!“ auf eine blutige „Pekinger Lösung“. Entscheidende Voraussetzung hierfür war die Haltung der östlichen Supermacht Sowjetunion unter Hoffnungsträger Michail Gorbatschow. Damit begann sich die seit Jahrzehnten über der DDR liegende latente Atmosphäre der Einschüchterung allmählich aufzulösen, Bürgergeist und Aufbruchstimmung erwachten. Mit dem „Mauerfall“ vom 9. November 1989 in Berlin war das Ende des SED-Staates besiegelt. Nun strebte eine Mehrheit der Bevölkerung den Weg zur deutschen

Die heutige Universitätsgesellschaft organisierte den „Bürgerwall" zur Rettung der Erfurter Altstadt am 10. Dezember 1989.

Wiedervereinigung an, was sich im Wechsel der Sprechchöre zu „Wir sind ein Volk" manifestierte. Nach der ersten freien Volkskammerwahl am 18. März 1990, die das CDU-geführte Bündnis „Allianz für Deutschland" klar gewonnen hatte, handelte die DDR-Regierung unter Lothar de Maizière den Einigungsvertrag aus, woraufhin die DDR nach Artikel 23 des Grundgesetzes am 3. Oktober 1990 der Bundesrepublik beitrat.

Erfurt und Thüringen gehörten zunächst nicht zu den großen Zentren der friedlichen Revolution in der DDR. Dies hatte mehrere Ursachen, etwa das Fehlen vergleichsweise weltoffener Metropolen wie Berlin, Leipzig oder Dresden. Im Grenzbezirk Erfurt herrschte zudem ein besonders eisiges politisches Klima, repräsentiert von „Hardlinern" wie SED-Bezirkschef Gerhard Müller. Die Oppositionsgruppen und neuen politischen Parteien (Neues Forum, Demokratischer Aufbruch, Grüne Partei, SDP bzw. SPD, DSU u.a.)

agierten so länger im Schutzraum besonders der evangelischen Kirche, die selbst engagierte Akteure stellte. Zu diesen gehörten etwa der Erfurter Propst Heino Falcke und Stadtjugendpfarrer Aribert Rothe. Aber auch die katholische Kirche begann unter Bischof Joachim Wanke, ihre „Überwinterungsstrategie" (Andreas Dornheim) allmählich aufzugeben. Erstmals präsentierten sich Neues Forum und Demokratischer Aufbruch durch ihre Führungspersönlichkeiten Matthias Büchner und Edelbert Richter am 26. September 1989 vor über 1.000 Menschen in der Augustinerkirche.

Auf die Straße verlagerte sich der Protest eindrucksvoll am 26. Oktober mit der ersten großen „Donnerstagsdemo". Über 40.000 Menschen forderten auf dem Domplatz Reformen und den Rücktritt von SED-Funktionären wie Oberbürgermeisterin Rosemarie Seibert und Bezirkschef Gerhard Müller, die am 10. und 11. November ihre Ämter verließen. Die Partei geriet in die Defensive, war in spontanen „Bürgerdialogen" meist überfordert und verlor rasant an Mitgliedern. Schwer wog auch der Verlust der Parteizeitung „Das Volk", die unter einer neuen Redaktion im Januar 1990 in „Thüringer Allgemeine" umbenannt wurde. Neben den allgemeinen Forderungen der friedlichen Revolution wie Demokratisierung und Reisefreiheit blieben die lokalen Probleme auch im „heißen Herbst" sehr präsent. So war die 1987 ins Leben gerufene heutige Universitätsgesellschaft eine wichtige Kraft, die sich die Wiedergründung der Alten Universität und den Wiederaufbau des Collegium maius zum Ziel gesetzt hatte. Sie organisierte u. a. eine der beeindruckendsten Aktionen der Wendezeit, den „Bürgerwall für unsere Altstadt" am 10. Dezember 1989. Mit diesem symbolischen Ring von Tausenden Erfurtern, die sich an den Händen hielten, sollte auf die Erhaltung des kulturellen Erbes aufmerksam gemacht werden.

Mit der ersten Besetzung einer MfS-Bezirksverwaltung setzte sich Erfurt schließlich am 4. Dezember 1989 sogar an die Spitze einer wichtigen Entwicklung. Die Gruppe „Frauen für Veränderung" organisierte diese spontane Massenaktion, nachdem MfS-Mitarbeiter in der Andreasstraße offensichtlich mit der Verbrennung von Akten begonnen hatten. Dieser mutigen Initiative verdankt sich die historische Aufarbeitung der DDR-Geschichte aus erhaltenen Stasi-Akten. Zugleich hatte das wichtigste Sicherheitsorgan des SED-Staates seinen Schrecken endgültig verloren.

X.

Ausblick – Erfurt seit 1989/90

Erfurt kann in vielerlei Hinsicht als ein Gewinner der friedlichen Revolution und deutschen Wiedervereinigung 1989/90 gelten, so unterschiedlich das persönliche Fazit seiner einzelnen Bürger ausfallen mag. Es ist heute eine Großstadt, die sich gleichwohl eine beschauliche Lebensqualität bewahrt hat. Als mittelalterlich geprägte Domstadt, als Lutherstadt und Blumenstadt zieht es zahlreiche Touristen an. Allein der Erfurter Weihnachtsmarkt zählt jährlich um die zwei Millionen Besucher und gilt mittlerweile als einer der stimmungsvollsten in Deutschland. Hinzu kommen Kulturveranstaltungen von den Domstufen-Festspielen bis hin zum Krämerbrückenfest, viele Museen, Kultureinrichtungen und eine lebendige Soziokultur. Eine wesentliche Voraussetzung für all dies bildet die umfassende Sanierung der historischen Bausubstanz insbesondere der Altstadt, eines der größten Flächendenkmale der Bundesrepublik. Sie repräsentiert den Wandel am sichtbarsten, für den die Erfurter 1989 mit viel Herz gekämpft haben. In der in neuem Glanze erstrahlenden „steinernen Chronik" lässt sich wie in kaum einer anderen Stadt dieser Größe Geschichte lebendig nachvollziehen.

Dabei sei nicht nur an Dom, Krämerbrücke und die lauschigen Altstadtgassen gedacht. Gerade als Lutherstadt hat Erfurt wieder an Profil gewonnen. Die bedeutsamen Lutherstätten Collegium maius, Georgenburse und Augustinerkloster bilden neben den mit Luthers Wirken verbundenen Kirchen die Leuchttürme in einer reichen Erinnerungslandschaft. Das rekonstruierte ehemalige Hauptgebäude von Luthers Universität fungiert seit 2011 als Amtssitz der neuen Evangelischen Kirche in Mitteldeutschland. In seiner Studentenburse befindet sich seit 2010 neben einer Pilgerherberge die Ausstellung „Georgenburse Erfurt – Studienort der Lutherzeit" und das evangelische Augustinerkloster konnte 2011 seinen komplexen Wiederaufbau als Tagungs- und Begegnungsstätte abschließen. Mit dem Besuch von Papst Benedikt XVI. im September 2011 ging das Augustinerkloster erneut in die Geschichte ein. Nie zuvor hatte ein Oberhaupt der katholischen Kirche eine so bedeutende Lutherstätte besucht. Hierzu beigetragen hat die besondere konfessionelle, zunehmend ökumenisch geprägte Situation in Erfurt, das seit 1994 auch Sitz des neu gegründeten katholischen Bistums Erfurt ist. Das einzigartige mittelalterlich-jüdische Erbe zieht seit der Eröffnung der Alten Synagoge mit dem „Erfurter Schatz" 2009 und des Mikwe-Ritualbades 2011 ebenfalls internationales Interesse auf sich und soll als Grundlage für die Aufnahme auf die UNESCO-Welterbeliste dienen. Gewissermaßen als „Spinne im Netz" dieser vielen Erinnerungsstätten fungiert das Stadtmuseum im Haus zum Stockfisch. Seine Dauerausstellung bietet einen anschaulichen Überblick zur Stadtgeschichte, der mit Verweisen auf die authentischen Orte versehen ist.

Im wirtschaftlichen Bereich kam es nach 1989/90 zur massiven Umstrukturierung von der Industriestadt zur Dienstleistungs-, Verwaltungs- und Wissenschaftsstadt. Dieser epochale Prozess war nicht einfach, verloren doch zunächst Tausende Beschäftige in den Industriebetrieben ihre Arbeit. Traditionsreiche Unternehmen wie das Büromaschinenwerk Optima mit mehr als 6.000 Mitarbeitern verschwanden völlig, andere wurden mit drastisch verkleinerter Belegschaft zu Zweigbetrieben großer Konzerne, wie der Pressenhersteller Umformtechnik. Andererseits weisen neue Wirtschaftszweige wie Solar und Logistik in die Zukunft, ein breiter gewerblicher Mittelstand konnte sich wieder etablieren. Im Umfeld der Stadt sind große Ansiedlungen wie das Güterverkehrszentrum und das Gewerbegebiet am Erfurter Kreuz mit internationalen Großunternehmen entstanden. Als Knotenpunkt von Autobahn und ICE-Streckennetz wird die Stadt in der Mitte Deutschlands als Wirtschaftsstandort immer beliebter. Der Ausbau von Dienstleistungsgewerbe und Ein-

Die weitgehend erhaltene und sanierte Altstadt mit ihren zahlreichen Kulturdenkmalen macht Erfurt heute zum beliebten Tourismusziel.

zelhandel hat ebenso wie der Verwaltungssektor mit dafür gesorgt, dass mittlerweile mehr Arbeitsplätze zur Verfügung stehen als in der DDR-Zeit.

Der deutliche Bevölkerungsschwund durch Abwanderung und Geburtenrückgang konnte so ebenfalls gestoppt werden. Zählte Erfurt 1989 mehr als 220.000 Einwohner, so fiel diese Zahl 2002 kurzzeitig unter die 200.000-Grenze. 2011 lebten in Erfurt jedoch wieder 205.000 Einwohner. Hierzu gehören allerdings auch die Bürger der 1994 im Zuge einer großen Gebietsreform in Thüringen eingemeindeten Ortschaften (Mittelhausen, Waltersleben, Stotternheim, Molsdorf, Schwerborn, Ermstedt, Kerspleben, Frienstedt, Vieselbach, Alach, Linderbach-Azmannsdorf, Tiefthal, Büßleben, Kühnhausen, Niedernissa, Hochstedt, Windischholzhausen, Töttelstädt, Egstedt). Erfurt weist damit unter den vergleichbaren ostdeutschen Großstädten wie Magdeburg, Halle, Chemnitz oder Rostock die stabilste demographische Entwicklung auf.

Nach 1989/90 wandelte sich Erfurt vom Industriezentrum zur Dienstleistungs-, Wissenschafts- und Medienstadt. Neue Branchen beleben den Verkehrsknotenpunkt in der Mitte Deutschlands.

Für wichtige Impulse sorgten auch der Medienstandort und die Hochschullandschaft. Erfurt ist nicht nur Sitz des Landesfunkhauses Thüringen des Mitteldeutschen Rundfunks, sondern auch des Kinderkanals Ki.KA von ARD und ZDF sowie weiterer Kindermedieneinrichtungen. Hiervon künden im Stadtbild die populären Helden des Kinderfernsehens vom Sandmännchen über Käpt'n Blaubär bis hin zu Bernd dem Brot. Auf Initiative der Universitätsgesellschaft konnte die Universität Erfurt 1994 erneut ins Leben gerufen werden. Sie fusionierte auf dem Campus an der Nordhäuser Straße 2001 mit der Pädagogischen Hochschule und nahm auch das philosophisch-theologische Studium als Katholisch-Theologische Fakultät auf. Der Medizinischen Akademie blieb die Aufnahme als Fakultät dagegen versagt, sie wurde 1993 abgewickelt. Die neue geisteswissenschaftliche Reformuniversität hat das Leben in der Stadt spürbar bereichert. Sie kann sich stolz als die älteste und zugleich jüngste Universität in Deutschland bezeichnen. Als echte Bürgeruniversität ging sie wie die mittelalterliche Gründung aus der Einwohnerschaft der Stadt hervor. Hinzu kommen die Fachhochschule Erfurt, die private Adam-Ries-Fachhochschule und weitere neue bzw. neu ausgerichtete Bildungseinrichtungen.

Im schulischen Leben wurden die einheitlichen Schulen der DDR-Zeit wie in ganz Thüringen größtenteils auf das mehrgliedrige Modell Grundschule (1.–4. Klasse) sowie darauf folgend auf Regelschulen oder Gymnasien umgestellt. Mit dem schulischen Bereich ist auch einer der dunkelsten Momente der Stadtgeschichte verbunden. Am Vormittag des 26. April 2002 ereignete sich der Amoklauf am Gutenberg-Gymnasium, der Erfurt in den Fokus der Weltmedien rückte. Dabei erschoss der 19-jährige Robert Steinhäuser zwölf Lehrer, eine Sekretärin, zwei Schüler und einen Polizisten.

Anschließend tötete er sich selbst. Der Amoklauf von Erfurt mit 17 Todesopfern war der erste durch einen Schüler verübte Gewaltakt dieser Dimension an einer Schule in Deutschland. Der tragische Fall sollte aber nicht darüber hinwegtäuschen, dass das schulische Niveau in Erfurt bzw. Thüringen heute laut Pisa-Studien bundesweit mit an der Spitze rangiert.

Die positive Entwicklung nach 1989 zeigt sich auch in anderen Bereichen. Viel verspricht man sich in der Blumenstadt von der Bundesgartenschau 2021, für die 2011 die erfolgreiche Bewerbung eingereicht wurde. Sie soll nicht nur den egapark mit dem Deutschen Gartenbaumuseum, schon jetzt Thüringens beliebtestes Tourismusziel, fit für die Zukunft machen, sondern auch die Stadtentwicklung etwa am Petersberg und im Grünzug entlang der Gera weiter vorantreiben. Der egapark (Erfurter Garten- und Ausstellungs GmbH) war nach 1990 aus der iga hervorgegangen, auf deren Gelände auch das MDR-Landesfunkhaus und die Messe Erfurt entstanden. Nicht weit von hier erlebte der Flughafen Bindersleben den Ausbau zum modernen Airport Erfurt-Weimar. Nicht zu vergessen sei die Ansiedlung des Bundesarbeitsgerichtes, das – von Kassel kommend – 1999 seine Arbeit im Neubau am Petersberg aufnahm.

Im Sport verlor Erfurt zwar seine überragende Stellung als Leistungszentrum der DDR-Zeit mit zahlreichen Weltmeistern und Olympiasiegern, konnte sich aber doch als Sportstadt weiterentwickeln. Hierfür stehen etwa die modernen Sportstätten rund um das Steigerwaldstadion. Einzelne Spitzensportler wie die Rekord-Eisschnellläuferin Gunda Niemann-Stirnemann trugen Erfurts Namen weiter in die Welt hinaus. Trotz mancher Schwierigkeiten und Rückschläge konnte sich auch der einstige DDR-Meister FC Rot-Weiß Erfurt im gesamtdeutschen Fußball etablieren.

Eines der wichtigsten Ergebnisse der friedlichen Revolution 1989 ist zweifellos die Wiedererrichtung demokratischer Strukturen und einer wirklichen kommunalen Selbstverwaltung. Die ersten freien Kommunalwahlen fanden am 6. Mai 1990 statt, fast genau ein Jahr nach der gefälschten Wahl vom 7. Mai 1989. Wahlsieger wurde die

CDU mit 36,7% (SPD 22,4%, PDS 15,5%, Neues Forum/Grüne Partei 9,6%, Demokratischer Aufbruch 5,0%). Die Christdemokraten stellten mit dem einstigen Neues-Forum-Aktivisten Manfred O. Ruge den neuen Oberbürgermeister und bildeten eine Koalition mit SPD, Demokratischem Aufbruch und Freien Demokraten. Damit existierte erstmals seit 1933 wieder ein demokratisch gewähltes Kommunalparlament. In den Stadtratswahlen von 1994, 1999 und 2004 konnte die CDU ihre Spitzenstellung unter wechselnden Konstellationen behaupten. Seit 2009 stellt erstmals die SPD die stärkste Fraktion in der Stadtverordnetenversammlung. Schon 2006 hatte der SPD-Kandidat Andreas Bausewein den langjährigen Oberbürgermeister Ruge abgelöst.

Seit 1991 ist Erfurt, die alte „Metropolis Thuringiae", die offizielle Landeshauptstadt Thüringens.

Mit der Wiedervereinigung Deutschlands am 3. Oktober 1990 war schließlich auch eine für die weitere Entwicklung Erfurts wegweisende Entscheidung verbunden. Die jahrhundertealte Rolle als „heimliche Hauptstadt" Thüringens fand – nach dem kurzen Intermezzo von 1948 bis 1952 – ihre endgültige Umwandlung zur offiziellen Landeshauptstadt. Die DDR-Bezirke hatten nie eine identitätsstiftende Kraft entfalten können, sodass die Wiedergründung Thüringens zu den ersten Forderungen während der großen „Wende"-Demonstrationen gehörte. Zum Zeitpunkt der Gründung des Bundeslandes Thüringen am Tag der Wiedervereinigung war Erfurt bereits faktisch Landeshauptstadt. Nach heftigem Duell mit Weimar verabschiedete der Landtag am 10. Januar 1991 das entsprechende Gesetz. Thüringen hatte sich aus den Bezirken Erfurt, Gera und Suhl sowie den Kreisen Artern, Altenburg und Schmölln gebildet. Mit der Verabschiedung der Landesverfassung 1993 gab es sich den Namen „Freistaat Thüringen". Der Landtag siedelte sich dort an, wo schon in den frühen 1950er-Jahren die Landesbehörden untergebracht waren. Im Umfeld des modernisierten und erweiterten Landtagskomplexes an der Arnstädter Straße ließen sich auch die meisten Ministerien nieder. Die Thüringer Staatskanzlei, Sitz des Ministerpräsidenten, fand in der ehemaligen kurmainzischen Statthalterei am Hirschgarten ein repräsentatives Domizil.

Bildnachweis

Martin Moll: S. 4; Barbara Neumann: S. 25, 41, 157; Hartmann Schedel: Weltchronik, 1493: S. 6; Stadtarchiv Erfurt: S.113, 117; Stadtmuseum Erfurt: S. 38, 52, 73, 91, 101, 132, 149, 152; Stadtverwaltung Erfurt: S. 47

Literaturauswahl

BAUMANN, MARTIN/RASSLOFF, STEFFEN (HG.): *Blumenstadt Erfurt. Waid – Gartenbau – iga/egapark.* Erfurt 2011.

BENL, RUDOLF (HG.): *Königstreue und Revolution. Erfurt, eine preußische Stadt im Herzen Deutschlands.* Erfurt 1998.

BENL, RUDOLF (HG.): *Der Erfurter Fürstenkongreß 1808. Hintergründe, Ablauf, Wirkung.* Erfurt 2008.

BRÜCK, HELGA: *Von der Apfelstädt und der Gera zum Missouri. 500 Jahre Thüringer Musikerfamilie Bach.* Jena 2008.

DORNHEIM, ANDREAS: *Politischer Umbruch in Erfurt 1989/90.* Weimar/Köln/Wien 1995.

EIDAM, HARDY/THOM, ILKA/SPANNAUS, ULRICH (HG.): *Homo doctus – homo sanctus. Wer ist Meister Eckhart?* Erfurt 2003.

EIDAM, HARDY (HG.): *Bonifatius. Heidenopfer – Christuskreuz – Eichenkult.* Erfurt 2004.

EIDAM, HARDY/NOLL, GUDRUN (HG.): *Radegunde. Ein Frauenschicksal zwischen Mord und Askese.* Erfurt 2006.

ESCHERICH, MARK/MISCH, CHRISTIAN/MÜLLER, RAINER (HG.): *Erfurt im Mittelalter. Neue Beiträge aus Archäologie, Bauforschung und Kunstgeschichte.* Berlin 2003.

ESCHERICH, MARK: *Städtische Selbstbilder und bauliche Repräsentation. Architektur und Städtebau in Erfurt 1918–1933.* Berlin 2010.

FRANZOS, KARL EMIL: *Erfurt. Ein Reisebericht aus dem Jahre 1901.* Mit einem Vorwort von Steffen Raßloff. Erfurt 2008.

GRAMSCH, ROBERT: *Erfurt – Die älteste Hochschule Deutschlands. Vom Generalstudium zur Universität.* Erfurt 2012.

GUTSCHE, WILLIBALD (HG.): *Geschichte der Stadt Erfurt.* Weimar 1989.

KLEINEIDAM, ERICH: *Universitas Studii Erffordensis. Überblick über die Geschichte der Universität Erfurt.* 4 Bände, Leipzig 1964–1981.
MAI, GUNTHER (HG.): *Die Erfurter Union und das Erfurter Unionsparlament 1850.* Köln/Weimar/Wien 2000.
MÄRKER, ALMUTH: *Geschichte der Universität Erfurt 1392–1816.* Weimar 1993.
MORITZ, HORST: *Die Festung Petersberg unter Kurmainz 1664–1802.* Erfurt 2001.
MORITZ, HORST: *Die Festung Petersberg unter Preußen 1802–1918.* Erfurt 2002.
MORITZ, MARINA/MORITZ, HORST: *Das Fürstentum Erfurt und die Herrschaft des Großen Kaisers. Leben und Sterben in bewegter Zeit (1806–1814).* Erfurt 2008.
MORITZ, MARINA/MORITZ, HORST: *Die ersten Jahre der Einheit. Erfurt 1990 bis 1994.* Erfurt 2010.
MÜNZEL, SASCHA/SCHÖRLE, ECKART: *Erfurt Feldstraße. Ein frühes Lager im Nationalsozialismus.* Erfurt 2012.
NITZ, THOMAS: *Stadt – Bau – Geschichte. Stadtentwicklung und Wohnbau in Erfurt vom 12. bis zum 19. Jahrhundert.* Berlin 2005.
NOLL, GUDRUN: *Die Ur- und frühgeschichtliche Besiedlung Erfurts bis zur Stadtwerdung.* Erfurt 1995.
RASSLOFF, STEFFEN: *Flucht in die nationale Volksgemeinschaft. Das Erfurter Bürgertum zwischen Kaiserreich und NS-Diktatur.* Köln/Weimar/Wien 2003.
RASSLOFF, STEFFEN (HG.): *„Willy Brandt ans Fenster!" Das Erfurter Gipfeltreffen 1970 und die Geschichte des „Erfurter Hofes".* Jena 2007.
RASSLOFF, STEFFEN: *Bürgerkrieg und Goldene Zwanziger. Erfurt in der Weimarer Republik.* Erfurt 2008.
RASSLOFF, STEFFEN: *100 Denkmale in Erfurt. Geschichte und Geschichten.* Essen 2013.
RASSLOFF, STEFFEN/SEIDEL, ULRICH: *Der Erfurter Kaisersaal.* Erfurt 2008.

Rassloff, Steffen/Leppin, Volker/Seidel, Thomas A. (Hg.): *Orte der Reformation. Erfurt.* Leipzig 2012.

Schnitzler, Stephan: *Der Umbruch in der DDR auf kommunalpolitischer Ebene. Eine empirische Studie zum Demokratisierungsprozess von 1989/90 in der Stadt Erfurt.* Göttingen 1996.

Schönfelder, Jan/Enrices, Rainer: *Willy Brandt in Erfurt. Das erste deutsch-deutsche Gipfeltreffen 1970.* Berlin 2010.

Schüle, Annegret: *Industrie und Holocaust. Topf & Söhne – Die Ofenbauer von Auschwitz.* Göttingen 2010.

Weiss, Ulman: *Die frommen Bürger von Erfurt. Die Stadt und ihre Kirche im Spätmittelalter und in der Reformationszeit.* Weimar 1988.

Weiss, Ulman (Hg.): *Erfurt 742–1992. Stadtgeschichte und Universitätsgeschichte.* Weimar 1992.

Weiss, Ulman (Hg.): *Erfurt – Geschichte und Gegenwart.* Weimar 1995.

Wolf, Helmut: *Erfurt im Luftkrieg 1939–1945.* Jena 2005.

Wolf, Stephanie: *Erfurt im 13. Jahrhundert. Städtische Gesellschaft zwischen Mainzer Erzbischof, Adel und Reich.* Köln/Weimar/Wien 2005.

Zeitschriften

Mitteilungen des Vereins für die Geschichte und Altertumskunde von Erfurt. Band 1 ff. 1865 ff.

Jahrbuch für Erfurter Geschichte. Band 1 ff. 2006 ff.

Stadt und Geschichte. Zeitschrift für Erfurt. Heft 1 ff. 1998 ff.

Erfurter Heimatbrief. Heft 1–64. 1961–1992.

Namensverzeichnis

Blumenstadt Erfurt
Waid – Gartenbau – iga/egapark

Verein für die Geschichte und Altertumskunde von Erfurt e. V., Steffen Raßloff, Martin Baumann

19,95 € | ISBN: 978-3-86680-812-6

Buchhinweise

AEG - Olympia - Optima
Büromaschinen aus Erfurt 1924-2004

Eberhard Lippmann

17,90 € | ISBN: 978-3-86680-706-8

Literarische Spaziergänge durch Erfurt
Manfred Paasch

14,95 € | ISBN: 978-3-86680-547-7

Buchhinweise

Der Hochzeitsring

Historischer Roman um den Erfurter Schatz

Henry Köhlert

12,00 € | ISBN: 978-3-86680-876-8

SUTTON VERLAG

Weitere Krimis und Romane finden Sie unter:

www.sutton-belletristik.de